LA CUISINE ITALIENNE

LA CUISINE ITALIENNE

Gründ

TABLE

Sauces	**12**
Potages et entrées	**18**
Pâtes, riz et pizzas	**28**
Poissons	**40**
Viandes	**48**
Volailles et gibier	**60**
Légumes et salades	**72**
Desserts	**82**
Index	**94**

Texte anglais de Mary Reynolds
Adaptation française
de Christine Colinet

© Octopus Books Ltd, 1re édition 1981
et pour la traduction française :
© 1982 Gründ, Paris
Pour la présente édition :
© 1989 Gründ, Paris
ISBN : 2-7000-6163-2

Dépôt légal : février 1989
Photocomposition : P.F.C., Dole
Imprimé par Mandarin Offset,
Hong Kong

NOTES
Toutes les cuillères sont rases.
Utilisez, dans la mesure du possible, des herbes fraîches. Si vous n'en avez pas, remplacez-les par un bouquet garni ou bien par des herbes séchées (en divisant la quantité par deux).
Quand une recette indique du poivre, utilisez du poivre noir fraîchement moulu.
Le four doit toujours être préchauffé.

INTRODUCTION

Vous obtiendrez la meilleure cuisine italienne en recherchant des ingrédients de très bonne qualité. Le repas principal de la journée est un événement important ; il permet à la famille de se trouver réunie, d'échanger les nouvelles du jour, et d'apprécier la cuisine préparée par la mère de famille.

Un repas traditionnel italien est généralement composé de *minestra* (soupe, plat de pâtes ou risotto) suivi d'un plat principal de viande, poisson ou volaille accompagné d'un ou de deux légumes. Parfois une salade de légumes crus vient ensuite. Le repas se termine par du fromage et des fruits de saison et surtout un café expresso.

Il n'y a pas à proprement parler de règles rigides dans l'ordonnance d'un menu italien, par conséquent, utilisez ce livre comme un guide et suivez votre goût.

La cuisine régionale italienne

Jusqu'en 1861 l'Italie était formée d'une multitude d'états, chacun ayant ses propres lois, ses coutumes, ses traditions. Aujourd'hui en passant d'une région à une autre, vous pouvez noter des différences de paysages, de dialectes et d'habitudes.

Il y a surtout une différence très marquée entre le nord et le sud de l'Italie : les régions du nord sont plus industrielles et le sol a tendance à être plus fertile que dans le sud. Les oppositions entre le nord et le sud se retrouvent dans la cuisine : dans le nord, les pâtes traditionnelles sont plates, faites aux œufs et cuisinées avec du beurre, alors que dans le sud elles sont tubulaires et cuisinées à l'huile d'olive. Par contre la cuisine méridionale est beaucoup plus parfumée ; elle utilise quantité de plantes aromatiques, surtout dans les sauces.

Les plats de pâtes réputés de la Ligurie, dans le nord, comprennent les ravioli et le minestrone. La culture du riz dans la vallée du Pô fourni des récoltes abondantes, du *rizo gallo*, particulièrement absorbant, qui sert de base à la préparation des risottos. Les très nombreuses recettes de risottos varient d'une famille à l'autre : le plus célèbre est le *risotto milanese*.

Deux produits très célèbres dans le nord de l'Italie sont le parmesan et le jambon de Parme. Le parmesan est meilleur après deux ans de séchage et de maturation ; il devient de plus en plus fort si on le laisse vieillir. L'alimentation des porcs de la région de Parme avec le petit lait du fromage, et le mode de salaison et de séchage pratiqué sur les collines permettent la production de ce délicieux jambon.

L'Italie étant entourée par la mer, le poisson a une place importante dans la cuisine régionale. Venise est réputée pour ses rougets, ses mulets, ses calmars, ses scampi et ses moules. Dans le nord, les lacs de Lombardie fournissent d'excellents poissons d'eau douce, en particulier des anguilles. Sur la côte méridionale, en Sicile et en Sardaigne, on trouve de nombreux villages de pêcheurs. Le thon, les sardines, l'espadon et une grande variété de coquillages sont utilisés dans les plats de pâtes, les sauces, les soupes, les ragoûts et les salades.

L'abondance des tomates, de l'ail, des herbes, des anchois donne leur arôme particulier aux plats méridionaux. Naples, la

capitale culinaire du sud, revendique l'invention de la pizza et de la glace. Les pizzas sont le plus souvent dégustées comme des repas légers. La mozzarella, que l'on parsème sur la pizza, est fabriquée depuis des siècles dans la campagne campanienne. Ce fromage « fondant » convient à tous les types de pizzas et tous les plats cuits. Les célèbres *gelati* italiennes ont rapidement gagné toute l'Italie.

L'Italie est un très gros producteur de vin et chaque région apporte sa contribution à la grande variété des vins de table. Le Piémont est le berceau du barolo, vin rouge qui accompagne bien les viandes rôties et le gibier, alors que le barbera, plus corsé, convient aux plats de pâtes et aux pizzas. La Vénétie produit deux vins célèbres : le valpolicella, vin rouge sec et le soave vin blanc sec.

La Toscane produit le fameux chianti qui accompagne parfaitement les rôtis, les viandes grillées et les gibiers. On pourrait encore citer d'autres vins comme l'orvieto, le verdicchio, le frascati et le lambrusco.

Les ingrédients typiquement italiens

Les épiceries spécialisées et les supermarchés vendent un grand éventail de produits italiens.

LES FROMAGES

Le parmesan : râpé et ajouté aux sauces, aux pâtes, au riz et à d'autres plats, il a un parfum incomparable. Il vaut mieux l'acheter en morceau, car il n'est pas comparable avec le parmesan râpé en emballage sous vide.

La mozzarella : ce fromage blanc est souvent utilisé dans la cuisson à cause de sa facilité à fondre et surtout pour les pizzas. Le bel paese peut la remplacer.

La ricotta : ce fromage blanc et mou est fait à partir du petit lait. Il doit absolument être utilisé frais. On l'utilise surtout pour des farces.

Le gorgonzola : ce célèbre fromage italien aux veines bleu-vert doit être doux et mou quand il est à point.

Les autres fromages italiens que l'on trouve sont le bel paese, le pecorino, la fontine, le provolone et le caciocavallo.

LA CHARCUTERIE

La bresaola : filet de bœuf séché, salé et dégusté en fines lamelles. C'est un hors-d'œuvre extrêmement prisé.

Le jambon : délicatement fumé, il se déguste cru en tranches très fines ; le meilleur vient de Parme ou de San Daniele.

Le salami : long saucisson à base de porc et d'épices. Il y en a une très grande variété, mais le plus réputé est celui de Milan. On le sert en tranches en hors-d'œuvre mélangé avec d'autres ingrédients, ou bien haché dans des farces.

La mortadelle : large saucisson fabriqué avec du porc et des épices. On la sert en entrée, coupée en tranches fines ou bien hachée dans des farces.

Le cotechino : saucisse de porc légèrement salée, pesant entre 500 g et 1 kg. On la fait cuire à l'eau bouillante, puis on la coupe en tranches épaisses et on la sert avec des lentilles ou des haricots, ou bien froide avec une salade.

La luganega : longue saucisse de porc grossièrement haché ; on l'appelle aussi *salsiccia*. On la fait frire, griller ou bouillir et on la sert chaude avec des lentilles ou des pommes de terre.

LES HERBES

Ce sont les herbes qui donnent aux plats italiens leur parfum particulier. Chaque fois que cela est possible, utilisez des herbes fraîches ; on arrive maintenant à trouver presque toutes les herbes en flacons. Essayez même d'en faire pousser dans des pots sur votre balcon. La liste d'herbes ci-dessous comprend les plus utilisées dans la cuisine italienne.

Le basilic : il apporte un goût incomparable aux plats de tomates. On l'utilise aussi dans les salades, les sauces et les soupes.

Le laurier : parfume les rôtis, les plats mijotés et les soupes ; on peut aussi en mettre dans la braise d'un barbecue pour parfumer.

L'origan : est utilisé surtout pour les pizzas, les sauces et les plats mijotés.

Le persil : le persil italien a des feuilles plates et est utilisé dans tous les plats.

Le romarin : cette herbe très parfumée est surtout utilisée avec du mouton ou avec du porc, mais aussi pour la volaille ou le poisson.

La sauge : on l'utilise surtout pour parfumer les plats de veau ou de poulet cuit dans du vin.

INGRÉDIENTS INDISPENSABLES

Les ingrédients non périssables ci-dessous sont utilisés très fréquemment ; il est toujours utile d'en avoir sous la main.

Les pâtes : bien que les pâtes italiennes soient d'une très grande variété, vous pouvez stocker dans votre placard des pâtes aux formes variées (macaronis, spaghetti, zita, bucatini, rigatoni, etc.) ou bien des pâtes plates (tagliatelle, fettucine, lasagne, etc.), sans oublier les pâtes destinées aux soupes.

Le riz : le riz italien est plus épais, plus court et absorbe plus facilement les liquides que les autres riz. C'est indispensable pour obtenir un risotto crémeux.

Les haricots : les haricots secs et les lentilles sont utilisés pour la soupe, les salades et dans d'autres plats.

Le sel et le poivre : les Italiens utilisent du poivre noir fraîchement moulu et, quand cela est possible, du gros sel marin.

Le vinaigre de vin : essentiel pour les salades, mais aussi utilisé dans d'autres recettes.

L'huile d'olive et les huiles végétales : le parfum très particulier de l'huile est nécessaire pour les salades et pour les plats auxquels elle donnera un caractère particulier. Autrement, utilisez de l'huile de tournesol ou de noix.

Les filets d'anchois à l'huile : pour ajouter la dernière touche aux sauces, pizzas et entrées.

Les câpres : pour différentes sauces et plats de poisson.

Les olives : ayez toujours dans votre placard des boîtes ou des sachets d'olives noires, vertes ou farcies, mais chaque fois que vous le pouvez, achetez-en des fraîches.

Les tomates en boîte : elles vous permettront de gagner du temps pour préparer des sauces et des plats mijotés en cocotte.

Le concentré de tomate : achetez de petites boîtes, car il en faut très peu pour colorer et parfumer un plat dans lequel on utilise des tomates en boîte ou fraîches.

Les vins fortifiés : utilisez du vermouth blanc ou à défaut du vin blanc sec. Le marsala convient parfaitement au veau, à la volaille et aux plats à base de jambon.

SAUCES
Salsa di fegatini
Sauce aux foies de volaille

50 g de beurre
1 petit oignon coupé fin
50 g de lard demi-sel découenné et coupé en dés
50 g de champignons coupés fin
250 g de foies de volaille coupés en dés
1 cuillère à soupe de farine
2 cuillères à soupe de marsala
30 cl de bouillon de poule
1 cuillère à soupe de concentré de tomate
Sel et poivre

Faites fondre 40 g du beurre dans une casserole et faites cuire doucement 6 à 8 minutes l'oignon et le lard, en tournant de temps en temps. Augmentez le feu et ajoutez les champignons et les foies de volaille ; laissez cuire, tout en remuant, 2 minutes. Ajoutez la farine et sans cesser de tourner laissez cuire 1 minute.

Versez le marsala, portez à ébullition, puis ajoutez le bouillon, le concentré de tomate, un peu de sel et du poivre. Portez à ébullition, couvrez et laissez mijoter 30 à 40 minutes. Ajoutez le reste de beurre et rectifiez l'assaisonnement.

Servez chaud avec des pâtes : gnocchi di patate (voir page 76) ou risotto alla paesana (voir page 29).
Pour 4 personnes

Salsa di carne
Sauce à la viande

15 g de beurre
50 g de lard fumé coupé en dés
1 oignon coupé fin
1 petite carotte coupée en dés
1 branche de céleri coupée en dés
350 g de bœuf haché
2 cuillères à soupe de farine
45 cl de bouillon de bœuf
1 cuillère à soupe de concentré de tomate
Sel et poivre
Noix de muscade râpée

Faites fondre le beurre dans une casserole et faites revenir doucement 10 minutes le lard, l'oignon, la carotte et le céleri, en tournant fréquemment. Ajoutez le bœuf et laissez cuire, tout en tournant, jusqu'à ce qu'il dore. Saupoudrez la farine et laissez cuire 2 minutes.

Ajoutez le bouillon, le concentré de tomate, la noix de muscade, salez et poivrez. Portez à ébullition, couvrez et laissez mijoter 1 heure en tournant de temps à autre.

Servez avec des pâtes.

Pour 4 à 6 personnes

Ragù bolognese
Sauce bolognaise

15 g de beurre
50 g de lard fumé coupé en dés
1 oignon haché fin
1 petite carotte en dés
1 branche de céleri en dés
350 g de bœuf haché
125 g de foies de volaille hachés
4 cuillères à soupe de vermouth ou vin blanc secs
30 cl de bouillon de bœuf
1 cuillère à soupe de concentré de tomate
Sel et poivre
Noix de muscade râpée
2 cuillères à soupe de crème fraîche ou de lait

Faites fondre le beurre dans une casserole et faites revenir doucement 10 minutes le lard, l'oignon, la carotte et le céleri, en tournant souvent. Ajoutez le bœuf et tournez jusqu'à ce qu'il commence à dorer. Ajoutez les foies de volaille et le vermouth, portez à ébullition et laissez cuire jusqu'à ce que le liquide soit presque complètement évaporé.

Versez le bouillon, ajoutez le concentré de tomate, la noix de muscade, salez et poivrez. Portez à ébullition, couvrez et laissez mijoter 1 heure en tournant de temps à autre. Rectifiez l'assaisonnement et incorporez la crème fraîche.

Servez avec des tagliatelles, des spaghetti ou d'autres pâtes.

Pour 4 à 6 personnes

Salsa di pomodori
Sauce tomate (avec des tomates en boîte)

1 boîte (400 g) de tomates
1 oignon haché
1 gousse d'ail écrasée
1 carotte en rondelles
1 branche de céleri en rondelles
2 cuillères à café de concentré de tomate
1 cuillère à café de sucre
Sel et poivre
2 cuillères à café de basilic coupé fin (facultatif)

Mettez les tomates dans une casserole avec leur jus, l'oignon, l'ail, la carotte, le céleri, le concentré de tomate et le sucre. Ajoutez un peu de sel, poivrez et mélangez avec une cuillère en bois pour écraser les tomates. Portez à ébullition, couvrez en partie et laissez mijoter 30 minutes.

Passez à travers un tamis et remettez dans la casserole. Si nécessaire, portez à ébullition rapidement pour obtenir une sauce épaisse. Rectifiez l'assaisonnement et ajoutez le basilic. Servez avec des pâtes ou un plat de viande.

Pour environ 30 cl de sauce

Salsa pizzaiola
Sauce aux herbes et à la tomate fraîche

2 cuillères à soupe d'huile d'olive
2 gousses d'ail écrasées
630 g de tomates mûres coupées fin
1 cuillère à café de sucre
Sel et poivre
1 cuillère à soupe de basilic coupé fin, origan ou persil

Faites chauffer doucement l'huile et l'ail 2 minutes dans une casserole. Ajoutez les tomates pelées, le sucre, salez et poivrez. Faites cuire à feu vif jusqu'à ce qu'une grande partie du liquide soit évaporée et que les tomates soient fondues, mais ne forment pas une pulpe.

Utilisez cette sauce avec des steaks, des côtes ou du poisson. Décorez avec les herbes au moment de servir.
Pour 4 personnes

Besciamella
Sauce béchamel

40 g de beurre
40 g de farine
60 cl de lait
Sel et poivre
Noix de muscade râpée

Faites fondre le beurre dans une casserole, ajoutez la farine et laissez cuire 1 minute, tout en tournant. Otez du feu et incorporez peu à peu le lait.
    Reportez sur le feu et tournez jusqu'à ce que cela épaississe. Laissez mijoter 3 minutes. Salez, poivrez et ajoutez la noix de muscade.
Pour environ 60 cl de sauce
NOTE : pour obtenir une sauce plus parfumée, ajoutez une feuille de laurier avant de faire chauffer et ôtez-la quand vous ajouterez le lait à la sauce.

Maionese
Mayonnaise

2 gros jaunes d'œufs
1 cuillère à café de sel
2-3 cuillères à café de jus de citron
20 cl d'huile d'olive

Prenez soin que tous les ingrédients soient à la température de la pièce.
    Mettez les jaunes d'œufs dans un petite jatte, ajoutez le sel et 1 cuillère à café de jus de citron, puis mélangez grossièrement. Incorporez l'huile peu à peu tout en tournant, jusqu'à ce que la mayonnaise devienne épaisse et brillante. Terminez par le reste de jus de citron.
Pour environ 30 cl de mayonnaise

Maionese tonnata
Mayonnaise au thon

20 cl de mayonnaise (voir recette ci-contre)
1 boîte (100 g) de thon
3 filets d'anchois
1 cuillère à soupe de jus de citron

Passez la mayonnaise au mixeur avec les autres ingrédients jusqu'à ce que le mélange soit homogène. Si nécessaire, ajoutez un peu d'eau froide pour qu'elle soit lisse.

Vous pouvez aussi passer le thon et les filets d'anchois à travers un tamis dans une jatte. Ajoutez les jaunes d'œufs et poursuivez la recette comme pour la mayonnaise page 16.

Nappe les œufs durs, le poulet froid, la dinde, le veau ou les tomates farcies.

Pour environ 30 cl de mayonnaise

Salsa verde
Sauce verte

2 échalotes
1 gousse d'ail
1 cornichon
1 cuillère à soupe de câpres
40 g de persil
2 cuillères à soupe de jus de citron
6 cuillères à soupe d'huile d'olive
Sel et poivre

Passez les ingrédients au mixeur jusqu'à ce que vous obteniez un mélange homogène, salez et poivrez.

Vous pouvez aussi hacher fin les 5 premiers ingrédients, puis ajouter le jus de citron et l'huile, saler et poivrer.

Accompagne les viandes froides, le poisson, ou la volaille.

Pour environ 20 cl de sauce

POTAGES ET ENTRÉES
Stracciatella
Bouillon aux œufs

2 œufs
2 cuillères à soupe de semoule fine
50 g de parmesan râpé
1,2 l de brodo di pollo (voir ci-contre)

Battez les œufs, la semoule, le parmesan et environ 20 cl de *brodo di pollo*. Faites chauffer le reste du bouillon ; quand il est presque en train de bouillir, ôtez du feu et battez-y le mélange d'œuf.

Continuez de battre sur un feu doux jusqu'à ce que les œufs forment des sortes de flocons. Servez aussitôt.

Pour 4 à 6 personnes

Brodo di pollo
Bouillon de poule

1 poulet de 1,5 kg prêt à cuire
1,2 l d'eau
1 carotte en rondelles
1 oignon en rondelles
2 branches de céleri en rondelles
2 tomates en quartiers
1 feuille de laurier
6 grains de poivre
1 cuillère à café de sel
1 cube de bouillon au poulet (facultatif)

Mettez le poulet et les abats (sauf le foie) dans une grande casserole et couvrez-le d'eau. Portez doucement à ébullition et écumez. Ajoutez les légumes, la feuille de laurier, le poivre et le sel. Couvrez et laissez mijoter très doucement jusqu'à ce que le poulet soit cuit, environ 1 heure. Otez le poulet, passez le bouillon et rectifiez l'assaisonnement ; si nécessaire, émiettez un cube de bouillon et tournez jusqu'à ce qu'il soit dissous.
Pour environ 1,2 l de bouillon

Passatelli in brodo
Bouillon émilienne

1,2 l de brodo di pollo (voir page 19)
1 petit œuf battu
2 cuillères à café de farine
25 g de parmesan râpé
25 g de mie de pain rassis, ou chapelure
15 g de beurre ramolli
Poivre
Noix de muscade râpée

Portez le *brodo di pollo* à ébullition dans une grande casserole. Mettez l'œuf, la farine, le fromage, la mie de pain et le beurre dans une jatte, ajoutez le poivre et la noix de muscade, puis travaillez le tout pour obtenir une pâte ferme.

Pressez cette pâte à travers une passoire en métal directement au-dessus du bouillon. Laissez frémir jusqu'à ce que ces filaments remontent à la surface.

Répartissez dans les assiettes et servez aussitôt.

Pour 4 à 6 personnes

Zuppa di zucchini
Soupe de courgettes

40 g de beurre
1 oignon coupé en rondelles
500 g de courgettes coupées en rondelles fines
1,2 l d'eau
1 1/2 cube de bouillon de poule
2 petits œufs
2 cuillères à soupe de parmesan râpé
1 cuillère à soupe de basilic coupé fin ou de persil
Sel et poivre
POUR DÉCORER :
Crostini (voir fin de la recette) ou croûtons

Faites fondre le beurre dans une casserole et faites revenir doucement l'oignon 5 minutes. Ajoutez les courgettes et faites-les revenir 5 à 10 minutes, en tournant. Versez l'eau et les cubes de bouillon, portez à ébullition, couvrez et laissez mijoter 20 minutes.

Passez le tout au mixeur, puis remettez dans la casserole et portez à ébullition.

Dans une soupière chaude battez les œufs, le fromage et les herbes, puis versez doucement la soupe tout en fouettant. Rectifiez l'assaisonnement ; servez avec des *crostini* ou des croûtons.

Pour 4 à 6 personnes

CROSTINI : coupez des tranches de pain de 5 mm d'épaisseur et faites-les griller d'un côté. Sur le côté non grillé, étalez du beurre et saupoudrez de fromage râpé, puis passez sous le gril jusqu'à ce que le tout soit doré et que des bulles se forment à la surface.

Minestra di frittata
Potage aux œufs

1,2 l de brodo di pollo (voir page 19)
2 œufs
1 cuillère à soupe de farine
4 cuillères à soupe de lait
Sel et poivre
25 g de parmesan râpé
Persil haché pour décorer

Portez le *brodo di pollo* à ébullition dans une grande casserole. Battez les œufs avec la farine, le lait et un peu de sel et de poivre.

Huilez une grande poêle et mettez-la sur feu vif. Quand elle est très chaude, faites cuire les œufs pour obtenir une omelette. Roulez-la et coupez-la en fines lanières. Versez-les dans le bouillon, ainsi que le fromage.

Servez aussitôt, saupoudré de persil.
Pour 4 à 6 personnes

Minestrone
Minestrone

180 g de chou
1 gros oignon
1 grosse carotte
2 branches de céleri
2 courgettes
3 tomates pelées
50 g de lard fumé
2 cuillères à soupe
  d'huile d'olive
2 gousses d'ail
  écrasées
1,80 l d'eau
4 feuilles de sauge
  ou de basilic
  coupées fin
80 g de riz
2 cuillères à soupe
  de persil haché
2 cuillères à soupe
  de parmesan râpé
Sel et poivre

Coupez le chou en lanières ; coupez fin les autres légumes et le lard. Faites chauffer l'huile dans une grande casserole et faites revenir doucement environ 10 minutes le lard, l'oignon, la carotte, le céleri et l'ail en tournant souvent.

Versez l'eau, portez à ébullition, puis ajoutez le chou, les courgettes, les tomates, la sauge ou le basilic, et le riz. Laissez encore cuire doucement 20 minutes.

Ajoutez le persil, le fromage, salez et poivrez.

Servez avec du parmesan et des croûtons.

Pour 6 personnes

NOTE : vous pouvez utiliser des petites pâtes à la place du riz.

Antipasti misti
Plat de crudités et charcuterie

3 tomates en
  rondelles
3 cuillères à soupe
  d'huile d'olive
1 cuillère à café de
  basilic, ou
  ciboule, coupé fin
Sel et poivre
1 cœur de fenouil
1 cuillère à café de
  jus de citron
1 gousse d'ail
  écrasée
6 rondelles de
  salami italien
6 rondelles de
  saucisson à l'ail
50 g d'olives noires
2 œufs durs coupés
  en quartiers
Basilic ou persil

Disposez les tomates au bord d'un plat ovale, versez dessus 1 cuillère à soupe d'huile, le basilic, salez et poivrez.

Épluchez le fenouil, coupez-le en fines tranches, puis en lamelles. Mélangez le reste d'huile avec le jus de citron, l'ail, salez et poivrez. Ajoutez le fenouil et mélangez bien ; disposez-le sur l'autre bord du plat.

Disposez le salami et le saucisson au milieu du plat. Posez les olives au centre, avec les quartiers d'œufs. Décorez avec le basilic ou le persil.

Pour 4 personnes

Antipasto alla casalinga
Tomates, thon et sardines

2 poivrons verts
3 cuillères à soupe d'huile d'olive
2 cuillères à café de vinaigre de vin
Sel et poivre
4 tomates en rondelles
Quelques rondelles fines d'oignon
1 boîte de thon (200 g) égoutté et émietté
2 boîtes (120 g chacune) de sardines à l'huile égouttées

Mettez les poivrons sous le gril jusqu'à ce que leur peau commence à noircir et à se plisser, en les tournant souvent. Coupez-les en deux et passez-les sous l'eau pour ôter la peau et les graines. Égouttez-les bien et coupez-les en rondelles fines. Mélangez-les avec 2 cuillères à soupe d'huile, le vinaigre et un peu de sel. Laissez au réfrigérateur.

Salez et poivrez les tomates ; arrosez-les avec le reste d'huile. Disposez les rondelles de poivrons sur un plat et recouvrez-les avec les rondelles de tomates. Répartissez dessus les rondelles d'oignon. Disposez au centre le thon, et les sardines autour de celui-ci. Servez avec de la mayonnaise.

Pour 4 personnes

Carciofi alla borghese
Cœurs d'artichauts en salade

1 gousse d'ail écrasée
1 1/2 cuillère à soupe de jus de citron
4 1/2 cuillères à soupe d'huile d'olive
Sel et poivre
1 feuille de laurier
16 cœurs d'artichauts

Battez dans une jatte le sel, le poivre, le jus de citron et l'huile. Ajoutez la feuille de laurier, l'ail, et retournez délicatement dedans les cœurs d'artichauts. Couvrez et mettez à glacer 2 heures au réfrigérateur, en tournant de temps en temps. Otez la feuille de laurier.

Répartissez les artichauts dans des plats individuels, arrosez-les de sauce et saupoudrez de persil.

Pour 4 personnes

Caponata palermitana
Hors-d'œuvre d'aubergines

3 grosses aubergines
Sel et poivre
4 branches de céleri
6 cuillères à soupe d'huile d'olive
1 gros oignon haché
1 boîte (400 g) de tomates égouttées et passées à la moulinette
1 cuillère à soupe de concentré de tomate
2-3 cuillères à soupe de vinaigre de vin
2 cuillères à soupe de sucre
2 cuillères à soupe de câpres
12 olives vertes dénoyautées
POUR DÉCORER :
1 cuillère à soupe de pignons ou d'amandes effilées
2 œufs durs coupés en quartiers

Coupez les aubergines en cubes de 1 cm, mettez-les dans une passoire, saupoudrez-les de sel, couvrez et laissez-les ainsi 1 heure. Rincez-les et essuyez-les avec du papier absorbant. Faites cuire le céleri à l'eau bouillante salée 6 à 8 minutes. Égouttez-le et coupez-le en cubes de 1 cm. Faites chauffer 4 cuillères à soupe d'huile dans une grande poêle et faites revenir les aubergines, environ 10 minutes ; elles doivent être tendres. Salez et poivrez.

Faites chauffer le reste d'huile dans une casserole et faites revenir doucement 5 minutes l'oignon, puis le céleri 5 minutes en tournant souvent. Ajoutez les tomates, le concentré de tomate, un peu de sel et de poivre. Laissez mijoter doucement jusqu'à ce que le céleri et l'oignon soient tendres, environ 5 minutes.

Ajoutez 2 cuillères à soupe de vinaigre, le sucre, les câpres, les olives et les aubergines. Laissez mijoter quelques minutes en tournant. Rectifiez l'assaisonnement et ajoutez un peu de vinaigre si nécessaire. Laissez refroidir et mettez à glacer au besoin. Décorez avec les pignons et les œufs.

Pour 4 personnes

Insalata di funghi e gamberi
Salade de crevettes et de champignons

6 cuillères à soupe d'huile d'olive
2 cuillères à soupe de jus de citron
Poivre
1 gousse d'ail
350 g de champignons coupés fin
1/2 cuillère à café de sel
1 cuillère à soupe de persil haché
180 g de crevettes

Dans une jatte battez le poivre, le jus de citron et l'huile. Ajoutez l'ail et mélangez délicatement les champignons. Couvrez et mettez à glacer 1 heure au réfrigérateur.

Juste au moment de servir, ôtez l'ail, salez et ajoutez le persil. Disposez sur un plat de service et disposez dessus les crevettes.

Pour 4 personnes
NOTE : utilisez des champignons très frais et de l'huile d'olive de très bonne qualité.

Uova sode tonnata
Oeufs au thon

4 œufs durs
Mayonnaise au thon (voir page 17)
4 filets d'anchois
Quelques câpres
Persil pour décorer

Coupez les œufs en deux dans le sens de la longueur et disposez-les sur le plat de service (le côté coupé sur le fond du plat). Nappez-les de mayonnaise au thon.
   Coupez les filets d'anchois en deux dans le sens de la longueur, roulez-les sur eux-mêmes et posez-les au centre de chaque œuf. Saupoudrez de câpres et de persil.
Pour 4 personnes

Prosciutto con melone
Melon au jambon de Parme

1 melon bien mûr, glacé
4 tranches de jambon de Parme

Coupez le melon en quatre et épépinez-le. Servez chaque portion de melon accompagnée d'une tranche de jambon.
Pour 4 personnes

Prosciutto e fichi
Jambon de Parme aux figues

8 figues bien mûres
4 tranches de jambon de Parme

Ouvrez, sans les couper entièrement, les figues en quatre. Répartissez-les dans les assiettes et accompagnez-les de jambon.
Pour 4 personnes

PATES, RIZ ET PIZZAS

Risotto con ragù
Risotto à la sauce à la viande

1,2 l de bouillon de poule (environ)
1 cuillère à soupe d'huile d'olive
50 g de beurre
1 oignon coupé fin
350 g de riz
25 g de parmesan râpé
Sel et poivre
Sauce aux foies de volaille, ou sauce à la viande (voir pages 12-13)

Mettez le bouillon dans une casserole et amenez-le au point d'ébullition.

Faites chauffer l'huile et la moitié du beurre dans une poêle à fond épais et faites dorer doucement l'oignon. Ajoutez le riz et laissez cuire, tout en tournant, 1 minute, jusqu'à ce qu'il soit transparent.

Versez le bouillon peu à peu, en tournant souvent pour qu'il soit bien absorbé. Laissez cuire jusqu'à ce que le riz soit juste tendre et que la consistance du plat soit crémeuse, environ 10 minutes. Incorporez le reste de beurre, le fromage, salez et poivrez.

Disposez sur un plat de service chaud et mettez la sauce au centre. Accompagnez de parmesan.
Pour 4 personnes

Risotto alla paesana

Risotto paysan

3 cuillères à soupe d'huile d'olive
1 oignon coupé fin
2 branches de céleri en rondelles fines
125 g de courgettes en rondelles fines
125 g de petits pois ou de fèves
350 g de riz
1/2 l de bouillon de poule (environ)
25 g de beurre
125 g de jambon en lamelles
25-50 g de parmesan râpé
Sel et poivre

Faites chauffer l'huile dans une poêle à fond épais et faites revenir doucement 3 minutes l'oignon et le céleri. Ajoutez les courgettes, les petits pois, couvrez et laissez cuire 5 minutes. Ajoutez le riz et laissez cuire 1 minute, tout en tournant, jusqu'à ce qu'il soit transparent.

Versez le bouillon peu à peu en tournant souvent pour qu'il soit bien absorbé. Laissez cuire environ 10 minutes ; le riz doit être tendre et la consistance crémeuse. Ajoutez le beurre, le jambon, le fromage, salez et poivrez.

Disposez sur un plat de service chaud et accompagnez de parmesan.

Pour 4 personnes

Pasta all' uovo
Pâtes aux œufs

250 g de farine
2 gros œufs
2 cuillères à café d'huile
1/2 cuillère à café de sel
1 cuillère à soupe d'eau (environ)

Tamisez la farine sur le plan de travail et faites un puits au centre. Mettez dans le trou ainsi formé les œufs, l'huile, salez et mélangez du bout des doigts ; vous devez obtenir une pâte grumeleuse. Pétrissez cette pâte jusqu'à ce qu'elle devienne homogène, en ajoutant un peu d'eau si nécessaire. Pétrissez-la 10 minutes jusqu'à ce qu'elle soit souple. Couvrez et laissez-la monter 1 heure.

Étalez-la sur une surface légèrement farinée jusqu'à ce qu'elle soit très fine. Donnez-lui la forme requise (voir ci-dessous).

Pour environ 350 g de pâtes

Pasta verdi (*pâtes vertes*)
Suivez la recette précédente en ajoutant aux œufs 50 g d'épinards cuits que vous aurez pressés et passés à la moulinette. La pâte verte a tendance à coller et il vous faudra fariner un peu plus le plan de travail.

Diverses formes de pâtes
Pâtes farcies : pour les préparer, utilisez la pâte immédiatement car elle ne doit pas dessécher.
Pâtes plates ou en rubans : saupoudrez légèrement la pâte de farine et laissez-la sécher un peu 15 à 20 minutes, mais ne la laissez pas devenir cassante. Découpez selon votre inspiration. Pour les rubans, roulez la pâte sur elle-même, puis découpez ce rouleau tous les 3 ou 5 mm ; déroulez-la aussitôt afin qu'elle ne colle pas.

La cuisson des pâtes
Les pâtes faites maison : plongez-les dans une grande quantité d'eau bouillante salée, remuez afin qu'elles ne collent pas et laissez cuire, sans couvrir, jusqu'à ce qu'elles soient tendres, mais encore un peu fermes *(al dente)* : il faut 5 à 8 minutes. Quand elles sont à point, égouttez-les dans une passoire et servez aussitôt.
Pâtes achetées : procédez de la même façon mais en vous conformant aux instructions du paquet ; les temps de cuisson sont très variables en fonction de la forme et de la marque. Ne cassez jamais les pâtes longues comme les spaghetti.

Les quantités
On compte 80 à 130 g de pâtes par personne s'il s'agit d'un plat principal et 50 g s'il s'agit d'une entrée.

Tagliolini con tonno
Taglioni au thon

1 boîte (200 g) de thon à l'huile
1 gousse d'ail écrasée
2 cuillères à soupe de persil haché
250 g de tomates pelées et hachées
15 cl de bouillon de poule
Sel et poivre
350 g de taglioni

Égouttez le thon et faites chauffer doucement 2 minutes dans une poêle l'huile avec l'ail. Ajoutez le persil, les tomates et laissez cuire jusqu'à ce qu'elles soient tendres. Émiettez le thon, et ajoutez-le, ainsi que le bouillon, salez, poivrez.

Faites cuire les pâtes à l'eau bouillante salée, *al dente* ; égouttez-les bien, puis disposez-les dans un plat de service chaud, ajoutez la préparation au thon.

Pour 4 personnes

Spaghetti alla carbonara
Spaghetti à la carbonara

350 g de spaghetti
Sel et poivre
180 g de lard fumé coupé fin
3 œufs
3 cuillères à soupe de crème fraîche
40 g de parmesan râpé
40 g de beurre

Faites cuire les spaghetti à l'eau bouillante salée, *al dente* ; égouttez. Pendant ce temps, faites revenir le lard dans son gras jusqu'à ce qu'il soit croustillant. Égouttez-le. Battez les œufs avec la crème et le fromage, salez légèrement et poivrez bien. Faites fondre le beurre dans un grande poêle, versez-y le mélange et tournez sans arrêt, jusqu'à ce que cela commence à épaissir. Ajoutez le lard et les spaghetti, mélangez bien et servez aussitôt.

Pour 4 personnes

Fettucine al gorgonzola
Fettucine au gorgonzola

380 g de fettucine
Sel et poivre
25 g de beurre
5 cuillères à soupe de lait
125 g de gorgonzola coupé en dés
10 cl de crème fraîche
25 g de parmesan râpé
1-2 cuillères à soupe de basilic coupé fin (facultatif)

Faites cuire les pâtes à l'eau bouillante salée *al dente*. Égouttez bien. Pendant ce temps, faites chauffer à feu doux dans une casserole le beurre, le lait et le gorgonzola ; vous devez obtenir un mélange crémeux. Ajoutez la crème fraîche, salez et poivrez ; laissez sur le feu jusqu'au point d'ébullition.

Incorporez cette crème aux pâtes ainsi que le parmesan et le basilic. Mélangez bien, puis servez aussitôt avec du parmesan.

Pour 4 personnes

Lasagne al forno
Lasagne au four

180 g de lasagne vertes
Sel
45 cl de ragù bolognese (voir page 14)
60 cl de besciamella (voir page 16)
40 g de parmesan râpé

Faites cuire les lasagne à l'eau bouillante salée jusqu'à ce qu'elles soient *al dente*. Égouttez-les, rincez-les sous l'eau froide, étalez-les sur du papier absorbant.

Beurrez un plat à four d'au moins 3,5 cm de profondeur. Étalez au fond une couche de *ragù bolognese*, puis une couche de lasagne que vous recouvrez d'une couche de *besciamella* ; saupoudrez de fromage. Répétez cette alternance jusqu'à épuisement des ingrédients. Terminez par une couche de fromage.

Faites cuire 20 à 25 minutes dans un four préchauffé à 200º.

Pour 4 à 6 personnes

Tagliatelle alla bolognese
Tagliatelles à la bolognaise

350 g de tagliatelles
Sel
25 g de beurre
45 cl de ragù bolognese (page 14)
2 cuillères à soupe de parmesan râpé

Faites cuire les tagliatelles à l'eau bouillante salée. Égouttez-les bien.

Faites fondre le beurre, puis versez-le dans un plat de service profond, ajoutez 4 cuillères à soupe de *ragù bolognese*, les tagliatelles et le parmesan. Tournez jusqu'à ce que les pâtes soient bien enrobées. Répartissez le reste de sauce sur le plat et servez avec du fromage râpé.

Pour 4 personnes

Cannelloni

12 pâtes plates
  d'environ
  8 × 10 cm
Sel et poivre
45 cl de besciamella
  (voir page 16)
30 cl de salsa di
  pomodori (voir
  page 14)
3 cuillères à soupe
  de parmesan râpé
25 g de beurre
GARNITURE :
2 cuillères à soupe
  d'huile
1 oignon haché
1 gousse d'ail
  écrasée
250 g de bœuf haché
250 g d'épinards
  cuits, coupés et
  bien pressés
40 g de parmesan
  râpé
1 jaune d'œuf

Faites cuire les pâtes à l'eau bouillante salée jusqu'à ce qu'elles soient *al dente*, en tournant de temps à autre. Égouttez-les, étalez-les sur du papier absorbant, puis essuyez. Pour la garniture, faites chauffer l'huile dans une poêle et faites revenir doucement l'oignon et l'ail. Ajoutez la viande et laissez cuire, en tournant, jusqu'à ce qu'elle dore. Ajoutez les autres ingrédients, liez le tout avec 2 cuillères à soupe de *besciamella*, salez et poivrez.

Étalez 1 cuillère à soupe de garniture sur chaque morceau de pâte. Roulez-les sur eux-mêmes à partir du petit côté, puis posez-les dans un plat à gratin beurré. Versez dessus la *salsa di pomodori*, puis nappez avec la *besciamella*. Saupoudrez de fromage râpé et parsemez de petits morceaux de beurre.

Faites cuire 15 à 20 minutes dans un four préchauffé à 200° ; la surface doit être bien dorée.
Pour 4 à 6 personnes

Macaroni con pomodori
Macaronis aux tomates

2 cuillères à soupe d'huile d'olive
1 gros oignon haché
2 gousses d'ail écrasées
1 petit piment coupé fin
4 tranches de lard fumé coupées fin
1 boîte (400 g) de tomates
1 cuillère à café de sucre
Sel
250 g de macaronis
50 g de provolone râpé, ou d'un autre fromage italien dur

Faites chauffer l'huile dans une casserole et faites revenir doucement 10 minutes l'oignon, l'ail, le piment et le lard, en tournant de temps en temps. Ajoutez les tomates avec leur jus, le sucre, puis salez. Portez à ébullition, en tournant ; couvrez et laissez mijoter 20 minutes.

Faites cuire les macaronis à l'eau bouillante salée jusqu'à ce qu'ils soient *al dente* ; égouttez bien. Dans un plat à four huilé, disposez en alternance les pâtes, la sauce et le fromage, en terminant par une couche de fromage.

Servez aussitôt, ou bien couvrez et laissez 20 à 30 minutes dans un four préchauffé à 140°.
Pour 3 à 4 personnes

Crespelle ripiene
Crêpes farcies aux épinards

PATE A CRÊPE :
125 g de farine
1/4 cuillère à café de sel
2 petits œufs
1 cuillère à soupe d'huile
15 cl de lait
6 cuillères à soupe d'eau

GARNITURE :
250 g d'épinards cuits, coupés et bien pressés
250 g de ricotta
25 g de parmesan râpé
1 œuf battu
Noix de muscade râpée
Sel et poivre

POUR NAPPER :
25 g de beurre
3 cuillères à soupe de parmesan râpé
5 cuillères à soupe de bouillon

Tamisez la farine et le sel dans une jatte. Faites un puits au centre et mettez-y les œufs, l'huile et le lait. Battez jusqu'à ce que cela soit homogène, puis ajoutez l'eau. Couvrez et laissez reposer dans un endroit frais 1 à 2 heures.

Beurrez légèrement une poêle de 18 cm de diamètre et mettez-la sur un feu moyen. Quand elle est chaude, versez de la pâte afin qu'elle couvre juste le fond. Quand la crêpe est prise et dorée, retournez-la et faites cuire l'autre côté. Répétez cette opération jusqu'à épuisement de la pâte, afin d'obtenir 8 crêpes.

Mélangez tous les ingrédients de la garniture, ajoutez la noix de muscade, salez et poivrez. Répartissez le mélange sur les crêpes que vous roulerez très serrées et que vous poserez dans un plat à four beurré. Parsemez de petits morceaux de beurre, saupoudrez de parmesan et versez dessus le bouillon.

Faites cuire environ 20 minutes dans un four préchauffé à 200° ; elles doivent être bien dorées. Servez aussitôt.

Pour 4 personnes

Pizza alla casalinga
Pizza tomates et fromage

PATE A PIZZA :
15 g de levure de boulanger
2 cuillères à soupe d'eau chaude
250 de farine
1 cuillère à café de sel
2 cuillères à soupe d'huile d'olive
3 cuillères à soupe de lait (environ)

GARNITURE :
3 cuillères à soupe d'huile d'olive
500 g de tomates pelées et coupées fin
1 cuillère à café d'origan sec ou basilic
Sel et poivre
180 g de mozzarella en tranches
4 cuillères à soupe de parmesan
6-8 olives noires

Délayez la levure dans l'eau. Tamisez la farine et le sel dans une jatte, faites un puits au centre et versez-y la levure, l'huile et le lait. Mélangez jusqu'à ce que vous obteniez une pâte ferme et homogène en ajoutant un peu de lait si nécessaire. Posez-la sur une surface farinée, puis pétrissez 5 minutes. Mettez-la dans une jatte propre, couvrez et laissez monter dans un endroit chaud jusqu'à ce qu'elle ait doublé de volume.

Pétrissez légèrement, puis coupez en deux et donnez à chaque morceau la forme d'un cercle de 20 cm de diamètre. Posez-les sur une tôle à pâtisserie huilée et badigeonnez-les d'un peu d'huile. Couvrez avec les tomates et saupoudrez d'herbes ; salez et poivrez. Répartissez les tranches de fromage, le parmesan et les olives.

Versez le reste d'huile et laissez reposer dans un endroit chaud 30 minutes. Faites cuire 25 à 30 minutes dans un four préchauffé à 220° et servez aussitôt.

Pour 4 personnes

Pizzette
Pizzas individuelles

1 portion de pâte à pizza (voir ci-contre)
GARNITURE :
3 cuillères à soupe d'huile d'olive
500 g de tomates pelées et coupées
Sel et poivre
POUR GARNIR :
125 g de champignons coupés fin et revenus dans du beurre
2-3 gousses d'ail finement hachées
2-3 cuillères à soupe de parmesan râpé

Divisez la pâte en 6 portions auxquelles vous donnerez la forme de cercles de 10 cm de diamètre.

Badigeonnez-les d'huile, couvrez-les avec les tomates et assaisonnez.

Répartissez dessus les champignons, l'ail et le fromage. Versez le reste d'huile et laissez reposer 15 minutes dans un endroit chaud.

Faites cuire 15 minutes dans un four préchauffé à 220° et servez aussitôt.

Pour 6 personnes
VARIANTES :
1) Salami coupé fin et des olives
2) poivrons coupés en rondelles, de la mozzarella coupée en dés et des filets d'anchois.

Sardenara
Pizza de San Remo

1 portion de pâte à pizza (voir ci-contre)
GARNITURE :
7 cuillères à soupe d'huile d'olive
630 g d'oignons coupés en rondelles fines
1-2 gousses d'ail écrasées
1 boîte (400 g) de tomates égouttées
1 cuillère à café d'origan sec
Sel et poivre
1 boîte (50 g) de filets d'anchois coupés en lanières
20 olives noires

Pour préparer la garniture, faites chauffer 4 cuillères à soupe d'huile d'olive dans une casserole et faites dorer doucement les oignons. Ajoutez l'ail, les tomates, l'origan, un peu de sel et poivrez. Laissez cuire, sans couvrir, jusqu'à ce que cela ait réduit et épaissi. Rectifiez l'assaisonnement et laissez refroidir.

Pétrissez légèrement la pâte sur une surface farinée. Coupez-la en deux et après avoir formé deux boules, mettez-les au centre de deux moules de 20 cm de diamètre. Pressez la pâte afin qu'elle couvre bien le fond du moule et qu'elle monte sur les bords. Badigeonnez d'huile.

Étalez la garniture sur le fond et décorez avec les filets d'anchois et les olives. Répartissez le reste d'huile. Faites cuire 25 à 30 minutes dans un four préchauffé à 220° et servez aussitôt.

Pour 4 à 6 personnes

POISSONS
Spiedini di scampi
Scampi grillés

500 g de scampi essuyés
4 cuillères à soupe d'huile d'olive
50 g de chapelure
1/2 gousse d'ail écrasée
1 cuillère à soupe de persil haché
Sel et poivre
Quartiers de citron pour servir

Mettez les scampi dans une jatte avec l'huile, la chapelure, l'ail, le persil, salez et poivrez. Mélangez jusqu'à ce qu'ils soient bien nappés, puis couvrez et laissez mariner 30 minutes à la température de la pièce.

Répartissez-les sur 4 brochettes, puis faites-les cuire 2-3 minutes de chaque côté sous le gril ; ils doivent être bien dorés. Servez aussitôt avec les quartiers de citron.

Pour 4 personnes

Pesce alla griglia
Poisson grillé

4 petits maquereaux, truites ou mulets
Sel et poivre
2 branches de romarin, ou 2 feuilles de laurier
4 cuillères à soupe d'huile d'olive
1 1/2 cuillère à soupe de jus de citron
1 petite gousse d'ail écrasée (facultatif)
Quartiers de citron pour décorer

Faites 3 incisions sur chaque côté des poissons. Saupoudrez-les de sel et de poivre. Mettez les herbes dans un plat creux et posez dessus les poissons. Mélangez l'huile, le jus de citron, l'ail, puis versez sur les poissons. Couvrez et laissez mariner 3 à 4 heures, en les tournant plusieurs fois.

Posez les poissons sur une grille et faites-les cuire 5 à 6 minutes de chaque côté sous le gril ; ils doivent être cuits et bien dorés. Servez aussitôt avec les quartiers de citron.

Pour 4 personnes

Sgombro en cartoccio
Maquereaux en papillote

4 maquereaux (250 g chacun) vidés
Sel et poivre
3 cuillères à soupe d'huile d'olive (environ)
1 oignon coupé fin
2 branches de céleri coupées fin
1 cuillère à soupe de persil haché
1 gousse d'ail écrasée (facultatif)
1/2 cuillère à café d'origan sec, ou de basilic
Le jus de 1/2 citron

Salez et poivrez abondamment les poissons, puis badigeonnez-les d'huile. Découpez des morceaux de papier aluminium dépassant de 5 cm en longueur et en largeur les poissons ; badigeonnez-les d'huile.

Faites chauffer 2 cuillères à soupe d'huile dans une poêle et faites revenir doucement 10 minutes l'oignon et le céleri. Ajoutez le persil, l'ail, les herbes, le jus de citron, un peu de sel et poivrez.

Disposez un poisson sur chaque morceau de papier aluminium, puis recouvrez-le du mélange. Fermez bien les papillotes, posez-les sur une tôle à pâtisserie et faites cuire 25 à 30 minutes dans un four préchauffé à 200°. Servez dans les papillotes.

Pour 4 personnes

Pesce gratinato al forno
Poisson gratiné

4 tranches de cabillaud
Sel et poivre
50 g de chapelure
50 g de parmesan râpé
MARINADE :
4 cuillères à soupe d'huile d'olive
1 petite gousse d'ail écrasée
2 tiges de menthe ou de persil hachées fin
1/4 cuillère à café d'origan sec
POUR DÉCORER :
Quartiers de citron
Feuilles de menthe, ou persil

Mélangez les ingrédients de la marinade dans un plat creux. Salez et poivrez le poisson et mettez-le dans la marinade, en les tournant afin qu'ils soient bien nappés. Couvrez et mettez 3 à 4 heures au réfrigérateur, en les tournant une fois entre temps. Égouttez, et mettez de côté la marinade.

Mélangez la chapelure et le fromage et pressez ce mélange sur le poisson.

Passez la marinade au-dessus d'un plat allant au four, puis mettez le poisson. Arrosez-le avec une cuillère de la marinade, afin de bien humecter la surface. Faites cuire 20 à 25 minutes dans un four préchauffé à 190°. Décorez avec des quartiers de citron et des herbes.
Pour 4 personnes

Trotelle alla savoia
Truite aux champignons

Farine
Sel et poivre
4 truites vidées
2 cuillères à soupe d'huile
65 g de beurre
3 ciboules (partie verte uniquement), coupées fin
350 g de petits champignons
1 cuillère à soupe de jus de citron
1 cuillère à soupe de persil haché
25 g de mie de pain dur
quartiers de citron

Salez et poivrez la farine, puis passez-y les truites.

Faites chauffer l'huile avec 25 g du beurre dans une grande poêle et faites dorer doucement 6 minutes de chaque côté les truites.

Pendant ce temps, faites fondre le reste de beurre dans une casserole et faites revenir les champignons et la ciboule, puis ajoutez le jus de citron, le persil et un peu de sel. Disposez les truites et les champignons sur un plat de service chaud et tenez au chaud.

Faites dorer rapidement dans le reste de graisse de la poêle la mie de pain jusqu'à ce qu'elle soit croustillante, puis parsemez-la sur les poissons et décorez avec les quartiers de citron.

Pour 4 personnes

Sogliola all' italiana
Sole aux courgettes

4 cuillères à soupe d'huile
1 oignon coupé fin
250 g de tomates pelées et coupées
1 cuillère à café de concentré de tomate
1/2 cuillère à café de basilic frais
Sel et poivre
4 petites courgettes en rondelles fines
Farine
4 filets de sole ou de plie (180 g chacun)
25 g de beurre
2 cuillères à soupe de parmesan râpé

Faites chauffer la moitié de l'huile dans une poêle et faites revenir doucement l'oignon jusqu'à ce qu'il soit transparent. Ajoutez les tomates, le concentré, le basilic, un peu de sel et poivrez. Laissez mijoter, couvert, 5 minutes. Ajoutez les courgettes et laissez encore mijoter 8 minutes ; elles doivent être juste tendres.

Salez et poivrez la farine et passez-y le poisson. Faites chauffer le reste d'huile avec le beurre dans une poêle et faites dorer les filets de poisson 5 à 6 minutes de chaque côté. Disposez-les dans un plat creux allant au four, recouvrez-les avec les courgettes, saupoudrez de fromage et faites dorer le tout sous le gril. Servez aussitôt.

Pour 4 personnes

Triglie alla veneziana
Rougets à la vénitienne

5 cuillères à soupe d'huile d'olive
1 gros oignon haché
30 cl de vin blanc
1 1/2 cuillère à soupe de vinaigre de vin
Feuilles de menthe
2 gousses d'ail écrasées
4 rougets vidés
Sel et poivre
Farine
POUR DÉCORER :
Rondelles d'orange et de citron
Feuilles de menthe

Faites chauffer 2 cuillères à soupe d'huile dans une casserole et faites revenir doucement l'oignon jusqu'à ce qu'il soit transparent. Ajoutez le vin, le vinaigre et laissez bouillir vivement 10 minutes ; le tout doit réduire de moitié.

Pendant ce temps mettez 1 ou 2 feuilles de menthe et un peu d'ail à l'intérieur des poissons. Salez et poivrez la farine, puis passez-y les poissons. Faites chauffer le reste d'huile dans une poêle et faites revenir doucement les poissons jusqu'à ce qu'ils soient dorés et croustillants, environ 6 minutes de chaque côté. Égouttez-les et disposez-les dans un plat de service creux. Versez dessus la sauce chaude et laissez refroidir en arrosant de temps en temps.

Servez froid, décoré avec les rondelles d'orange et de citron, et les feuilles de menthe.

Pour 4 personnes

Maionese di pesce
Poisson en mayonnaise

630 g de poisson blanc
Sel et poivre
1 citron
3-4 cuillères à soupe d'huile d'olive
250 g de macédoine de légumes
50 g de crevettes décortiquées
20 cl de mayonnaise (voir page 16)
POUR DÉCORER :
2 œufs durs, en rondelles
Olives farcies, en rondelles
Câpres (facultatif)

Mettez le poisson dans une casserole, couvrez-le d'eau froide, ajoutez 1 cuillère à café de sel et 2 rondelles de citron. Portez à ébullition et laissez frémir 5 minutes. Le poisson doit être cuit. Égouttez-le, ôtez la peau et coupez-le fin. Tant qu'il est encore chaud, parfumez-le d'huile d'olive, de jus de citron, salez, poivrez, puis couvrez et laissez refroidir ainsi.

Faites cuire la macédoine, puis égouttez-la et laissez-la refroidir. Disposez-la sur un plat de service, posez dessus le poisson et la moitié des crevettes, puis nappez le tout avec la mayonnaise. Décorez avec le reste de crevettes, les rondelles d'œufs, les olives et les câpres.

Pour 4 personnes

VIANDES
Petto di vitello ripieno
Poitrine de veau farcie

1 kg de poitrine de veau désossée
25 g de beurre
FARCE :
2 cuillères à soupe d'huile
1 oignon haché
250 g d'épinards cuits et bien pressés
250 g de chair à saucisse
1 œuf battu
3 cuillères à soupe de parmesan râpé
Sel et poivre

Pliez le morceau de poitrine en deux et cousez-le pour former une sorte de sac.

Pour la farce, faites chauffer l'huile dans une casserole et faites revenir doucement l'oignon. Ajoutez les épinards, la chair à saucisse, l'œuf, le fromage, salez et poivrez. Remplissez la viande avec ce mélange, puis fermez en cousant.

Mettez-la dans une cocotte et parsemez de petits morceaux de beurre, couvrez et laissez cuire 2 heures dans un four préchauffé à 160º, en retournant une fois la viande. Otez la ficelle et coupez la viande en tranches. Servez chaud ou froid.

Pour 6 personnes

Scaloppine alla parmigiana
Escalopes de veau au parmesan

4 escalopes de veau
Farine
Sel et poivre
1 cuillère à soupe d'huile
40 g de beurre
125 g de prosciutto, ou de jambon de pays coupé fin
2 cuillères à soupe de persil haché
4 cuillères à soupe de parmesan râpé
4 cuillères à soupe de bouillon de poule

Aplatissez bien les escalopes de veau. Salez et poivrez la farine et passez-y les escalopes. Faites chauffer l'huile et le beurre dans une poêle et faites revenir les escalopes 3 minutes de chaque côté.

Mélangez le jambon et le persil, puis étalez-les sur les escalopes. Saupoudrez de fromage. Versez le bouillon dans la poêle, et avec une cuillère mouillez la surface des escalopes. Couvrez et laissez cuire doucement 5 minutes ; le veau doit être tendre et le fromage fondu.

Disposez sur un plat de service chaud et tenez au chaud. Portez la sauce à ébullition et laissez-la jusqu'à ce qu'elle ait réduit. Nappez-en les escalopes et servez aussitôt.
Pour 4 personnes

Involtini di vitello alla Napoletana

Paupiettes de veau farcies

- *8 escalopes de veau très fines*
- *8 fines tranches de jambon*
- *25 g de mie de pain ayant trempé dans du lait et pressée*
- *3 cuillères à soupe de raisins de Smyrne*
- *25 g de pignons, ou d'amandes effilées*
- *4 cuillères à soupe de parmesan râpé*
- *2 cuillères à soupe de persil haché*
- *Sel et poivre*
- *1 cuillère à soupe d'huile*
- *25 g de beurre*
- *15 cl de vin blanc sec*

Aplatissez bien les escalopes, puis posez sur chacune une tranche de jambon.

Mélangez la mie de pain, les raisins, les pignons, le fromage et le persil, salez et poivrez. Répartissez ce mélange sur les escalopes, roulez-les et fixez-les avec une pique de coktail.

Faites chauffer l'huile et le beurre dans une poêle et faites dorer doucement les paupiettes. Versez le vin, couvrez et laissez cuire 20 à 25 minutes, en les tournant une fois ; elles doivent être tendres.

Disposez-les sur un plat de service chaud et tenez-les au chaud. Portez la sauce à ébullition et, en tournant, laissez-la réduire. Nappez-en la viande, décorez avec du persil et servez aussitôt.

Pour 4 personnes

Vitello tonnato
Veau à la sauce au thon

1 kg d'épaule de veau désossée et roulée
1 carotte coupée en deux
1 oignon coupé en deux
1 branche de céleri coupée fin
1 feuille de laurier
4 grains de poivre
Sel
30 cl de mayonnaise au thon (voir page 17)
POUR GARNIR :
Filets d'anchois
Câpres
Quelques olives noires
Fines tranches de citron

Mettez l'épaule de veau dans une cocotte qui la contienne juste ; ajoutez la carotte, l'oignon, le céleri, le laurier, les grains de poivre et 1 cuillère à café de sel. Ajoutez de l'eau juste en quantité suffisante pour couvrir et portez doucement à ébullition. Écumez la surface, couvrez et laissez mijoter 1 1/2 à 2 heures ; la viande doit être tendre. Laissez complètement refroidir dans l'eau de cuisson.

Égouttez la viande et découpez-la en tranches. Disposez la moitié de la mayonnaise au thon sur le plat de service, posez dessus les tranches de viande et nappez-les avec le reste de sauce afin qu'elles soient complètement recouvertes.

Couvrez le plat avec une feuille de papier aluminium et laissez toute une nuit au réfrigérateur. Décorez avec les filets d'anchois, les câpres, les olives et les rondelles de citron. Servez comme entrée, ou comme plat principal.

Pour 4 à 6 personnes

Bistecca alla pizzaiola
Biftecks à la sauce pizzaiola

4 biftecks
Huile d'olive
Sel et poivre
Salsa pizzaiola (voir page 15)
Herbes pour décorer

Badigeonnez les biftecks avec l'huile, salez et poivrez. Huilez légèrement une poêle et mettez-la sur feu doux. Quand elle est chaude, faites revenir 2 minutes de chaque côté les biftecks.

Versez la sauce sur les biftecks et laissez cuire à feu doux 5 à 10 minutes.

Disposez-les sur un plat de service chaud, décorez avec des herbes et servez aussitôt.

Pour 4 personnes

Stufatino alla romana
Bœuf à la romaine

40 g de saindoux
1 petit oignon coupé fin
25 g de gras de jambon haché fin
1 branche de céleri coupée en dés
1 gousse d'ail coupée fin
750 g de bœuf à braiser, coupé en cubes de 3 cm
1/4 de cuillère à café de marjolaine sèche
Sel et poivre
20 cl de vin rouge
30-45 cl de bouillon de bœuf
1 cuillère à soupe de concentré de tomate
POUR SERVIR :
1 pied de céleri, en morceaux de

Faites fondre le saindoux dans un cocotte et faites-y revenir doucement l'oignon jusqu'à ce qu'il soit transparent. Ajoutez le gras de jambon, le céleri et l'ail, et laissez cuire 1 minute. Ajoutez la viande, la marjolaine, salez et poivrez. Laissez cuire, tout en tournant, 2 minutes.

Ajoutez le vin, portez à ébullition et laissez mijoter jusqu'à ce que la sauce ait réduit de moitié. Versez 30 cl de bouillon et le concentré de tomate. Couvrez et laissez cuire doucement 3 à 4 heures ; la viande doit être tendre. Remuez de temps en temps en cours de cuisson, en ajoutant un peu de bouillon si la sauce épaissit trop vite.

Pendant ce temps, faites cuire le céleri à l'eau bouillante salée 15 à 20 minutes ; il doit être tendre. Égouttez-le et ajoutez-le à la viande au moment de servir.

Pour 4 personnes

Stracotto
Bœuf braisé au vin rouge

- 1 cuillère à soupe d'huile
- 25 g de beurre
- 1 petit oignon coupé fin
- 1 petite carotte coupée fin
- 1 branche de céleri coupée fin
- 1,5 kg de bœuf à braiser
- 20 cl de vin rouge
- 20 cl de bouillon de bœuf
- 1 cuillère à soupe de concentré de tomate
- 1 branche de thym
- 1 feuille de laurier
- Sel et poivre

Faites chauffer l'huile et le beurre dans une cocotte et faites revenir doucement 5 minutes l'oignon, la carotte, et le céleri, en tournant de temps à autre.

Augmentez le feu, ajoutez la viande et faites-la bien dorer de tous côtés. Ajoutez le vin, portez à ébullition et laissez mijoter jusqu'à ce qu'il ait réduit.

Ajoutez le bouillon, le concentré de tomate, les herbes, salez et poivrez. Portez à ébullition, couvrez et laissez cuire 3 heures dans un four préchauffé à 150º ; la viande doit être tendre.

Coupez-la en tranches épaisses, et disposez-les sur un plat de service chaud ; tenez au chaud. Otez les herbes et, si nécessaire, faites réduire la sauce à la valeur de 15 cl ; rectifiez l'assaisonnement et nappez-en la viande.

Pour 8 personnes

Fettine di maiale alla sorrentina
Porc à la sorrentine

2 cuillères à soupe d'huile
1 gousse d'ail coupée en deux
4 côtes de porc désossées
Sel et poivre
1 gros poivron vert épépiné et coupé en tranches fines
1 boîte (230 g) de tomates
180 g de champignons coupés fin

Faites chauffer l'huile et l'ail dans une grande poêle. Quand l'ail dore, ôtez-le.

Faites dorer les côtes de chaque côté dans la poêle, salez et poivrez. Couvrez et laissez cuire doucement 15 minutes. Otez-les du feu et tenez-les au chaud.

Mettez dans la poêle le poivron, les tomates et leur jus, en tournant afin d'écraser les tomates. Couvrez et laissez cuire doucement 15 minutes. Ajoutez les champignons, salez, poivrez, puis couvrez et laissez cuire encore 5 minutes.

Remettez les côtes dans la poêle, arrosez-les avec la sauce ; laissez-les jusqu'à ce qu'elles soient bien chaudes. Servez aussitôt.

Pour 4 personnes

Maiale al latte
Porc au lait

*1 cuillère à soupe
  d'huile
25 g de beurre
1 gousse d'ail
1 branche de
  romarin
1 kg de porc désossé
Sel et poivre
60 cl de lait*

Faites chauffer l'huile et le beurre avec l'ail et le romarin dans une cocotte juste assez grande pour contenir la viande. Ajoutez-la et faites-la dorer de tous côtés. Salez, poivrez, ôtez l'ail et le romarin.

Versez le lait dans une casserole et portez à ébullition, puis versez-le sur le porc ; ne couvrez pas totalement et laissez mijoter 2 heures, en tournant de temps en temps ; la viande doit être tendre et le lait doit avoir réduit jusqu'à 15 cl.

Découpez la viande en tranches épaisses, disposez-les sur un plat de service chaud et tenez-les au chaud. Dégraissez la surface de la sauce ; raclez bien le fond de la cocotte, puis versez sur la viande.

Pour 5 à 6 personnes

Abbacchio brodettato
Agneau sauce citron

750 g d'épaule d'agneau désossée
25 g de saindoux
50 g de jambon cuit coupé fin
1 oignon coupé fin
2 cuillères à soupe de farine
Sel et poivre
4 cuillères à soupe de vin blanc sec ou de vermouth
30 cl de bouillon de poule
2 jaunes d'œuf
2 cuillères à soupe de jus de citron
1/2 cuillère à café de zeste de citron râpé
1 cuillère à café de marjolaine
1 cuillère à soupe de persil haché

Coupez l'agneau en cubes de 3 cm. Faites fondre le saindoux dans une cocotte et faites revenir doucement le jambon, l'agneau et l'oignon, en tournant souvent. Saupoudrez la farine, salez et poivrez. Laissez cuire en tournant 1 minute.

Versez le vin, portez à ébullition et laissez réduire de moitié. Ajoutez le bouillon, reportez à ébullition, tout en tournant ; couvrez et laissez mijoter 45 minutes ; l'agneau doit être tendre. Dégraissez la surface.

Battez les jaunes d'œufs, le jus et le zeste de citron, et les herbes. Ajoutez 3 cuillères à soupe du jus de cuisson et mélangez bien. Versez dans la cocotte et tournez jusqu'à ce que la sauce épaississe ; ne la laissez pas bouillir. Rectifiez l'assaisonnement et servez avec des pâtes ou des pommes de terre.

Pour 4 personnes

Abbacchio al forno
Agneau au romarin

1 gigot d'agneau de 1,5 kg
2-4 gousses d'ail émincées
3-4 branches de romarin
Sel et poivre
1 cuillère à soupe d'huile
15 cl de vin blanc sec
Branches de romarin pour décorer

Faites de petites incisions dans le gigot pour y glisser des morceaux d'ail et de romarin. Salez, poivrez et posez-le dans un grand plat allant au four, puis nappez-le d'huile.

Faites-le cuire 45 minutes dans un four préchauffé à 220°. Disposez-le sur un plat de service chaud que vous tiendrez au chaud.

Dégraissez la sauce, versez le vin, puis portez à ébullition en raclant bien le fond. Versez dans une saucière et servez aussitôt avec la viande.

Pour 6 personnes

Agnello piccante
Côtes d'agneau sauce piquante

8 côtes d'agneau
4 cuillères à soupe d'huile d'olive
2 gousses d'ail coupées fin
2 cuillères à café de marjolaine
2 cuillères à soupe de persil haché
1 1/2 cuillère à soupe de câpres égouttées et coupées fin
Sel et poivre
1 cuillère à soupe de jus de citron
Pommes de terre sautées
Quartiers de citron

Disposez les côtes les unes à côté des autres dans un plat creux, versez dessus l'huile et l'ail. Couvrez et laissez mariner 2 heures en les tournant une fois entre temps.

Passez la marinade dans une grande poêle, ajoutez les herbes et les câpres, puis faites chauffer doucement. Faites revenir les côtes 5 minutes de chaque côté. Salez, poivrez, versez le jus de citron, couvrez et laissez cuire 5 minutes à feu doux.

Disposez les pommes de terre au centre d'un plat de service chaud et placez les côtes tout autour. Nappez de sauce et décorez avec des quartiers de citron.
Pour 4 personnes

Animelle con piselli
Ris d'agneau aux petits pois

500 g de ris d'agneau
1 cuillère à soupe de vinaigre
2 cuillères à soupe d'huile
40 g de beurre
2-3 feuilles de sauge écrasées
80 g de lard fumé coupé en dés
6 cuillères à soupe de marsala
1 cuillère à café de jus de citron
Sel et poivre
250 g de petits pois cuits et égouttés

Faites tremper les ris dans de l'eau froide 1 heure. Égouttez-les, couvrez-les d'eau froide et ajoutez le vinaigre. Portez à ébullition et laissez frémir 5 minutes. Égouttez-les et ôtez la peau, puis coupez-les en morceaux de 3 cm.

Faites chauffer l'huile et le beurre dans une casserole, ajoutez la sauge, le lard, les ris et laissez cuire à feu doux, en tournant, 5 minutes. Ajoutez la moitié du marsala et laissez cuire environ 5 minutes jusqu'à ce qu'il soit évaporé.

Versez le reste du marsala, le jus de citron, salez et poivrez. Laissez mijoter jusqu'à ce que la sauce ait réduit et épaissi. Otez la sauge, ajoutez les petits pois ; servez accompagné de pâtes.
Pour 4 personnes

Rognoncini trifolati

Rognons sautés

630 g de rognons d'agneau ou de veau
2 cuillères à soupe de vinaigre
2 cuillères à soupe d'huile
25 g de beurre
2 gousses d'ail coupées très fin
2 cuillères à soupe de persil haché
1 cuillère à soupe de jus de citron
Sel et poivre
Petits triangles de pain revenus dans du beurre

Couvrez les rognons d'eau froide, ajoutez le vinaigre et laissez-les ainsi 30 minutes. Égouttez-les, ôtez la partie blanche, puis coupez-les en tranches.

Faites chauffer l'huile et le beurre dans une grande poêle, ajoutez l'ail et les rognons et faites revenir 2 minutes, à feu vif, sans cesser de tourner. Ajoutez le persil, le jus de citron, salez et poivrez. Laissez cuire 2 minutes, tout en tournant, jusqu'à ce que les rognons soient tendres et juteux. Servez aussitôt, décoré avec les tranches de pain.

Pour 4 personnes

Polpette alla siciliana

Boulettes de viande sauce tomate

50 g de mie de pain trempée dans du lait, puis pressée
500 g de veau ou de bœuf haché
2 gousses d'ail écrasées
1 cuillère à soupe de persil haché
1 cuillère à café de zeste de citron
25 g de parmesan râpé
Noix de muscade râpée
Sel et poivre
2 œufs battus
Farine
Huile pour frire
30 cl de salsa di pomodori (voir page 14)

Mettez dans une jatte la mie, la viande, l'ail, le persil, le zeste de citron, le fromage, la noix de muscade, salez et poivrez. Ajoutez les œufs pour lier le tout. Prenez des cuillères à café du mélange et donnez-leur la forme de boulettes. Passez-les dans la farine, puis mettez-les au réfrigérateur jusqu'au moment de les cuire.

Versez l'huile dans un poêle sur 5 mm de hauteur, et mettez-la sur feu doux. Quand elle est chaude, placez les boulettes dedans et faites-les frire 3-4 minutes, en les tournant de tous côtés. Otez-les et égouttez-les sur du papier absorbant.

Faites chauffer la *salsa di pomodori*, en ajoutant un peu d'eau si elle est trop épaisse. Mettez-y les boulettes, remuez doucement et laissez mijoter 15 à 20 minutes.

Pour 4 personnes

VOLAILLES ET GIBIER
Pollo con rosmarino
Poulet au romarin

4 morceaux de poulet
Sel et poivre
2 cuillères à soupe d'huile
25 g de beurre
2-3 branches de romarin
2-3 gousses d'ail
8 cuillères à soupe de vin blanc sec, ou de bouillon de poule

Salez et poivrez le poulet. Faites chauffer l'huile et le beurre dans une grande poêle, ajoutez le romarin et l'ail, et faites-y dorer 10 à 15 minutes les morceaux de poulet, en les tournant une fois.

Versez le vin et amenez-le presque à ébullition. Laissez mijoter, sans couvrir, 20 à 30 minutes jusqu'à ce que la viande soit tendre. Disposez-la sur un plat de service chaud et tenez au chaud.

Otez le romarin et l'ail, puis dégraissez la sauce. Ajoutez 2 à 4 cuillères à soupe d'eau, portez à ébullition, en raclant bien le fond de la poêle. Versez sur le poulet.

Pour 4 personnes

Petti di pollo al limone

Poulet au citron

4 blancs de poulet désossés
Farine
Sel et poivre
1 cuillère à soupe d'huile
65 g de beurre
2 cuillères à soupe de jus de citron
3 cuillères à soupe de bouillon de poule
3 cuillères à soupe de persil haché
Rondelles de citron pour garnir

Coupez chaque blanc de poulet en deux tranches minces. Salez et poivrez la farine, puis passez-y le poulet.

Faites chauffer l'huile et 40 g de beurre dans une grande poêle et faites revenir le poulet 5 à 6 minutes de chaque côté ; il doit être tendre. Posez-le sur un plat de service chaud et tenez-le au chaud.

Versez le jus de citron et le bouillon dans la poêle, portez à ébullition et, en tournant, laissez bouillir 1 minute. Ajoutez le persil et le reste du beurre. Versez sur le poulet et décorez avec les rondelles de citron.

Pour 4 personnes

Pollo con peperoni
Poulet aux poivrons

Farine
Sel et poivre
4 morceaux de poulet
3 cuillères à soupe d'huile
1 oignon coupé en rondelles fines
1 gousse d'ail écrasée
4 cuillères à soupe de vermouth blanc
1 cuillère à café de marjolaine coupée fin
1 boîte (230 g) de tomates
1 cuillère à café de sucre
1 gros poivron vert en rondelles

Salez et poivrez la farine et passez-y les morceaux de poulet. Faites chauffer l'huile dans une grande poêle et faites dorer doucement 10 minutes l'oignon et le poulet. Dégraissez.

Ajoutez l'ail, le vermouth et la marjolaine et laissez mijoter jusqu'à ce que le vermouth soit presque complètement évaporé. Ajoutez les tomates et leur jus, le sucre et le poivron. Couvrez et laissez mijoter 10 minutes ; le poulet doit être cuit. Disposez-le sur un plat de service chaud et tenez-le au chaud. Portez rapidement la sauce à ébullition, sans couvrir et laissez-la réduire. Rectifiez l'assaisonnement et nappez-en le poulet.

Pour 4 personnes

Pollo con salsa d'uovo
Poulet sauce aux œufs

4 morceaux de poulet
Sel et poivre
2 cuillères à soupe d'huile
25 g de beurre
25 g de farine
30 cl de bouillon de poule
1 feuille de laurier
1 petite branche de marjolaine
2 jaunes d'œufs
1 cuillère à soupe de jus de citron
1 cuillère à soupe de persil haché
Rondelles de citron

Salez et poivrez le poulet. Faites chauffer l'huile et le beurre dans une poêle et faites dorer 12 minutes le poulet. Otez-le et mettez-le de côté. Enlevez 2 cuillères à soupe du gras. Ajoutez la farine dans la poêle et laissez cuire, tout en tournant, 1 minute. Versez le bouillon et portez à ébullition sans cesser de tourner. Remettez le poulet dans la poêle, ajoutez le laurier et la marjolaine. Couvrez et laissez mijoter 30 minutes jusqu'à ce qu'il soit tendre.

Disposez-le sur un plat de service chaud. Otez les herbes. Délayez les jaunes d'œufs et le jus de citron avec 3 cuillères à soupe de sauce. Versez dans la poêle et laissez chauffer doucement, en tournant, jusqu'à ce que la sauce épaississe ; il ne faut pas qu'elle bouille. Rectifiez l'assaisonnement et nappez-en le poulet. Décorez avec le persil et le citron.

Pour 4 personnes

Pollo in porchetta
Poulet au fenouil

1 poulet de 1,5 kg vidé
Sel et poivre
180 g de jambon coupé en épaisses lamelles
2 cuillères à soupe de branches de fenouil coupées fin
2 gousses d'ail écrasées
40 g de beurre ramolli
Jus de citron
POUR GARNIR :
Finocchio alla toscana (voir page 72)
Feuilles de fenouil

Salez et poivrez le poulet à l'intérieur et à l'extérieur. Mélangez le jambon, le fenouil, l'ail et farcissez-en le poulet. Mettez-le dans une cocotte et étalez dessus le beurre. Disposez tout autour les abats.

Couvrez et laissez cuire 1 heure dans un four préchauffé à 200°. Découvrez et laissez cuire encore 20 minutes en arrosant fréquemment ; le poulet doit être tendre et doré. Disposez-le sur un plat de service chaud et tenez-le au chaud.

Otez-les abats, salez et poivrez la sauce, ajoutez le jus de citron, puis versez cette sauce très chaude dans une saucière. Décorez le poulet avec des *finocchio alla toscana* et les feuilles de fenouil. Servez avec la sauce.

Pour 4 personnes

Pollo alla diavolo
Poulet mariné grillé

1 poulet de 1,5 kg vidé
Sel et poivre
MARINADE :
3 cuillères à soupe d'huile d'olive
2 cuillères à soupe de jus de citron
2 gousses d'ail écrasées
6 feuilles de sauge

Coupez le poulet en deux et ôtez la carcasse. Aplatissez les deux morceaux et piquez chacun sur une brochette, en passant à travers l'aile et la patte. Salez et poivrez.

Mélangez les ingrédients de la marinade dans un plat creux. Ajoutez les moitiés de poulet, tournez-les afin qu'elles en soient bien couvertes, couvrez et laissez 4 heures au réfrigérateur, en les retournant 1 fois entre temps.

Posez-les, la peau en-dessous, sur un plat à four et faites-les cuire 13 à 15 minutes sous le gril, puis retournez-les et faites-les cuire 12 minutes de l'autre côté ; elles doivent être tendres. Arrosez-les fréquemment pendant qu'elles grillent avec la marinade.

Disposez-les sur un plat de service chaud et nappez-les avec le jus de cuisson. Accompagnez d'une salade.
Pour 4 personnes

Filetti di tacchino al marsala
Blancs de dinde au marsala

500 g de blanc de dinde
Farine
Sel et poivre
1 cuillère à soupe d'huile
65 g de beurre
125 g de petits champignons coupés en lamelles fines
1 cuillère à café de jus de citron
2 cuillères à soupe de parmesan râpé
6 cuillères à soupe de marsala
2 cuillères à soupe de bouillon de poule
Brocolis cuits pour décorer

Coupez les blancs de dinde en tranches de 5 mm d'épaisseur. Salez et poivrez la farine et passez-y les blancs. Faites chauffer l'huile et 40 g du beurre dans une grande poêle et faites revenir la dinde 4 à 5 minutes de chaque côté jusqu'à ce qu'elle soit tendre. Disposez sur un plat de service chaud et tenez au chaud.

Faites fondre le reste de beurre dans la poêle et faites revenir à feu vif les champignons 3 minutes. Ajoutez le jus de citron, salez et nappez les blancs de cette sauce. Saupoudrez de fromage râpé. Versez le bouillon et le marsala dans la poêle, portez rapidement à ébullition, en tournant, et laissez réduire de moitié. Versez sur la dinde. Décorez avec les brocolis.

Pour 4 personnes
NOTE : vous pouvez utiliser des blancs de poulet à la place de blancs de dinde.

Filetti di tacchino alla valdostano
Blancs de dinde au jambon et au fromage

500 g de blancs de dinde désossés
Farine
Sel et poivre
1 œuf battu
2 cuillères à soupe d'huile
25 g de beurre
4 tranches de jambon cuit
125 g de bel paese ou de mozzarella coupé en tranches fines
Persil pour décorer

Coupez les blancs de dinde en tranches de 5 mm d'épaisseur. Salez et poivrez la farine, passez-y les blancs, puis passez-les dans l'œuf. Faites chauffer l'huile et le beurre dans une grande poêle et faites-y frire des deux côtés les tranches de dinde. Égouttez-les et mettez-les sur une grille allant sur un plat à four.

Couvrez chaque tranche avec une tranche de jambon, puis une tranche de fromage. Passez-les 1 minute sous le gril ; le fromage doit être bien doré. Décorez avec du persil et servez aussitôt.

Pour 4 personnes

NOTE : vous pouvez remplacer les blancs de dinde par des blancs de poulet.

Anitra alla venezia
Canard à la vénitienne

1 canard de 2,30 kg
Sel et poivre
2 cuillères à café de sauge coupée fin
2 branches de céleri coupées fin
1 petit oignon coupé fin
1 gousse d'ail coupée fin
4 cuillères à soupe de marsala
Le jus de 1 orange
15 cl de bouillon de poule
1 cuillère à café de jus de citron
POUR GARNIR :
Rondelles d'orange
Persil

Salez et poivrez l'intérieur du canard et mettez-y la sauge, le céleri, l'oignon et l'ail. Piquez la peau avec une fourchette et posez-le sur un plat à four, le blanc reposant sur le fond du plat.

Faites cuire 1 1/2 heure dans un four préchauffé à 180°. Otez la graisse, puis retournez le canard. Faites chauffer le marsala et le jus d'orange, puis versez sur le canard.

Laissez encore cuire 1 heure au four en arrosant de temps en temps.

Disposez le canard sur un plat de service chaud et tenez-le au chaud. Dégraissez le jus de cuisson, versez le bouillon et le jus de cuisson, portez à ébullition. Rectifiez l'assaisonnement, puis versez dans une saucière. Décorez le canard avec les tranches d'orange et le persil et servez accompagné de la sauce.

Pour 4 personnes

Piccioncini en tegame
Pigeons au lard

4 pigeons, ou palombes
2 cuillères à soupe d'huile
25 g de beurre
1 oignon coupé fin
2 branches de céleri coupées fin
1 carotte coupée fin
50 de lard fumé coupé fin
1 branche de thym, de romarin et de sauge
15 cl de vin blanc sec
30 cl de bouillon de poule
350 g de petits pois écossés

Salez et poivrez l'intérieur et l'extérieur des pigeons. Faites chauffer l'huile et le beurre dans une grande cocotte et faites revenir doucement 5 minutes l'oignon, le céleri, la carotte, le lard et les herbes. Ajoutez les pigeons et faites-les dorer de tous côtés.

Versez le vin, portez à ébullition, et laissez bouillir à feu vif 5 minutes. Ajoutez le bouillon, couvrez et laissez cuire doucement 1 à 1 1/2 heure ; les pigeons doivent être presque tendres. Ajoutez les petits pois et laissez cuire 15 à 20 minutes ; la viande et les légumes doivent être tendres. Otez les herbes, rectifiez l'assaisonnement et servez aussitôt.

Pour 4 personnes

Fagiano alla crema
Faisan à la crème

1 jeune faisan
Sel et poivre
1 petit oignon pelé
1 cuillère à soupe d'huile
25 g de beurre
15 cl de crème fraîche
2 cuillères à café de jus de citron
POUR GARNIR :
Petits pois cuits
Petites carottes cuites

Salez et poivrez l'intérieur du faisan et introduisez-y l'oignon. Faites chauffer l'huile et le beurre dans une cocotte et faites dorer le faisan de tous côtés.

Tournez-le, le blanc reposant sur le fond de la cocotte et répartissez autour les abats. Couvrez et laissez cuire 30 minutes dans un four préchauffé à 180°. Retournez-le, versez dessus la crème et laissez cuire encore 20 à 30 minutes en arrosant de temps en temps ; il doit être tendre.

Disposez-le sur un plat de service chaud et tenez-le au chaud. Otez les abats. Versez le jus de citron dans la sauce, salez, poivrez et laissez cuire à feu doux jusqu'à ce qu'elle soit épaisse et homogène. Versez sur le faisan et décorez-le avec les petits pois et les carottes.

Pour 3 à 4 personnes

Coniglio en padella

Lapin aux légumes

- 1 aubergine coupée en cubes de 3 cm
- Sel et poivre
- 3 cuillères à soupe d'huile
- 2 tranches de lard fumé coupées en dés
- 1 branche de céleri coupée fin
- 1 lapin (1 kg) coupé en morceaux
- 4 grosses tomates coupées fin
- 1 gousse d'ail écrasée
- 2 cuillères à café de marjolaine et de persil hachés
- 4 cuillères à soupe de marsala
- 20 cl de bouillon de poule
- 1 poivron vert ou rouge, en tranches fines

Mettez l'aubergine dans une passoire, saupoudrez-la de sel et laissez-la dégorger 1 heure. Égouttez, rincez et essuyez sur du papier absorbant. Pendant ce temps, faites chauffer l'huile dans une grande poêle et faites revenir doucement 2 minutes le lard et le céleri, puis faites dorer les morceaux de lapin. Ajoutez les tomates, l'ail, les herbes, un peu de sel, poivrez et laissez cuire, en tournant 1 à 2 minutes.

Versez le marsala, portez à ébullition et laissez mijoter 5 minutes, jusqu'à ce qu'il ait bien réduit. Versez le bouillon, couvrez et laissez mijoter 30 minutes. Ajoutez l'aubergine et le poivron ; laissez encore mijoter 30 minutes ; le lapin doit être tendre. Disposez les morceaux de lapin sur un plat de service et tenez-le au chaud.

Si la sauce est trop liquide, faites-la bouillir à feu vif 5 minutes, jusqu'à ce qu'elle ait réduit. Rectifiez l'assaisonnement et nappez-en le lapin.

Pour 4 personnes

NOTE : vous pouvez utiliser du poulet.

LÉGUMES ET SALADES

Finocchio alla toscana
Fenouils à la toscane

630 g de cœurs de fenouil
Sel et poivre
1 rondelle épaisse de citron
1 cuillère à soupe d'huile d'olive
25 g de beurre
25 g de parmesan râpé
Quelques feuilles de fenouil pour décorer (facultatif)

Nettoyez les cœurs de fenouil et coupez-les verticalement, en morceaux de 2 cm d'épaisseur. Mettez-les dans une casserole avec une pincée de sel, le citron, l'huile et ajoutez de l'eau bouillante pour les recouvrir. Laissez cuire 20 minutes ; ils doivent être tendres. Égouttez bien.

Faites fondre le beurre dans un plat à four, ajoutez les fenouils et faites les tourner afin qu'ils soient bien nappés. Poivrez et saupoudrez de fromage.

Passez-les sous le gril jusqu'à ce qu'ils soient dorés. Décorez avec les feuilles de fenouils et servez aussitôt.

Pour 4 personnes

Peperonata
Poivrons aux tomates

4 cuillères à soupe d'huile d'olive
250 g d'oignons coupés fin
2 gousses d'ail écrasées
2 feuilles de laurier
6 gros poivrons verts coupés en deux
500 g de tomates pelées et coupées fin
Sel et poivre

Faites chauffer l'huile dans une grande poêle et faites revenir doucement 5 minutes les oignons, l'ail et le laurier en tournant de temps en temps.

Coupez les poivrons en lanières de 1 cm et incorporez-les au mélange de la poêle. Couvrez et laissez cuire doucement 10 minutes.

Ajoutez les tomates, un peu de sel, poivrez et laissez cuire sans couvrir, en tournant souvent, jusqu'à ce qu'une bonne partie du jus soit évaporée ; la sauce doit être épaisse. Otez le laurier et rectifiez l'assaisonnement.

Servez chaud avec du poulet grillé, du porc, des steaks, ou bien froid comme entrée.

Pour 4 personnes

Sformata di spinaci
Épinards sauce tomate

50 g de beurre
1 oignon râpé
500 g d'épinards en morceaux
25 g de farine
20 cl de lait
25 g de parmesan râpé
3 œufs, blancs et jaunes séparés
Sel et poivre
Noix de muscade râpée
30 cl de salsa di pomodori (voir page 14)

Faites fondre la moitié du beurre dans une casserole et faites revenir doucement 5 minutes l'oignon. Ajoutez les épinards, couvrez et laissez cuire 5 minutes. Découvrez et laissez cuire, en tournant, jusqu'à ce que le jus soit évaporé.

Faites fondre le beurre dans une autre casserole, ajoutez la farine et laissez cuire, en tournant, jusqu'à ce qu'elle soit dorée. Incorporez le lait et faites cuire 2 minutes, sans cesser de tourner jusqu'à ce que le tout soit épais et homogène. Otez du feu et ajoutez le fromage, les jaunes d'œufs, les épinards, la noix de muscade, salez et poivrez.

Battez les blancs en neige très ferme et incoporez-les délicatement au mélange. Versez la préparation dans un moule à soufflé beurré et couvrez d'une feuille de papier aluminium. Mettez-le dans un plat à four contenant de l'eau chaude et faites cuire environ 1 heure dans un four préchauffé à 180° ; le centre doit être ferme. Laissez refroidir 5 minutes, puis démoulez sur un plat de service chaud et versez la sauce dessus.

Pour 4 personnes

Fagioli alla toscana
Haricots à la toscane

2 boîtes (d'environ 400 g chacune) de haricots blancs égouttés
3 cuillères à soupe d'huile d'olive
2 gousses d'ail écrasées
1/2 cuillère à café de sauge sèche
1 boîte (230 g) de tomates égouttées
Sel et poivre

Rincez les haricots sous l'eau froide et égouttez-les.

Faites chauffer l'huile dans une casserole et faites revenir l'ail et la sauge 1 à 2 minutes, puis ajoutez les haricots.

Écrasez les tomates à travers un tamis au-dessus de la casserole, salez, poivrez et mélangez bien. Couvrez et laissez mijoter 10 minutes.

Servez chaud comme légume ou bien froid avec du thon en entrée.

Pour 4 personnes

Zucchini ripieni
Courgettes farcies

6 belles courgettes d'environ 13 cm de long
Sel et poivre
25 g de mie de pain, ayant trempé dans 2 cuillères à soupe de lait
125 g de ricotta
1 gousse d'ail écrasée
1/4 cuillère à café d'origan sec
40 g de parmesan râpé
1 jaune d'œuf

Plongez les courgettes 5 minutes dans de l'eau bouillante salée, puis égouttez-les. Coupez-les en deux dans le sens de la longueur ; évidez leur centre, que vous couperez fin. Mettez les parties creusées de côté.

Pressez la mie de pain, mettez le liquide de côté, puis mélangez-la avec les courgettes et le reste des ingrédients ; ajoutez un peu de lait si nécessaire pour avoir une consistance qui s'étale bien. Salez et poivrez.

Remplissez les parties creusées avec ce mélange et posez-les dans un plat à four huilé.

Faites cuire 35 à 40 minutes dans un four préchauffé à 190° ; elles doivent être tendres et dorées.

Pour 4 personnes

Funghi ripieni
Champignons farcis

12 gros champignons
5-6 cuillères à soupe d'huile d'olive
1 gros oignon coupé fin
1 gousse d'ail écrasée
40 g de mie de pain
50 g de jambon cuit ou de lard coupé fin
2 cuillères à soupe de persil haché
2 cuillères à soupe de parmesan râpé
Sel et poivre
Persil pour décorer

Coupez les queues des champignons et hachez-les fin. Faites chauffer 3 cuillères à soupe d'huile dans une poêle et faites revenir 5 minutes l'oignon, l'ail et les champignons hachés. Ajoutez la mie de pain et faites frire jusqu'à ce qu'elle soit croustillante, puis ajoutez le jambon ou le lard, le persil, le fromage, salez et poivrez.

Disposez les têtes de champignons, la partie creuse visible, dans un plat à four huilé, puis répartissez le mélange dedans et huilez la surface. Couvrez de papier aluminium et faites cuire 25 minutes dans un four préchauffé à 190º.

Décorez avec du persil et servez en entrée ou bien comme accompagnement d'une viande ou d'un poisson.

Pour 4 personnes

Gnocchi di patate
Gnocchi de pommes de terre

175 g de farine
1 œuf battu
Sel et poivre
Noix de muscade râpée
500 g de pommes de terre cuites à l'eau et réduites en purée
POUR SERVIR :
25 g de beurre
25 g de parmesan râpé
Salsa di fegatini ou salsa di carne (voir pages 12-13)

Mélangez la farine, l'œuf, le sel, le poivre et la noix de muscade avec la purée de pomme de terre. Vous devez obtenir une pâte ferme.

Farinez vos mains et formez des saucisses de pâte d'environ 1 cm de diamètre. Coupez-les tous les 2 cm et incurvez-les légèrement vers le centre.

Plongez-les, peu à la fois, dans de l'eau bouillante salée et laissez-les cuire 3 à 5 minutes, jusqu'à ce qu'ils remontent à la surface. Otez-les avec une écumoire et égouttez-les. Mettez-les dans un plat à four beurré et parsemez de petits morceaux de beurre et de parmesan.

Mettez-les 7 à 10 minutes dans un four préchauffé à 200º. Servez avec la sauce chaude.

Pour 4 personnes

Melanzane alla parmigiana
Gratin d'aubergines

750 g d'aubergines
Sel et poivre
Farine pour saupoudrer
6 cuillères à soupe d'huile d'olive (environ)
30 cl de salsa di pomodori (voir page 14)
125 g de mozzarella ou de bel paese coupé en tranches fines
3 cuillères à soupe de parmesan râpé

Coupez les aubergines dans le sens de la longueur en tranches de 5 mm d'épaisseur. Mettez-les dans une passoire et saupoudrez-les de sel, couvrez et laissez-les dégorger 1 heure. Rincez-les, essuyez-les avec du papier absorbant, puis saupoudrez légèrement de farine.

Faites chauffer la moitié de l'huile dans une poêle et faites-y dorer la moitié des aubergines des deux côtés. Otez-les avec une écumoire et égouttez-les sur du papier absorbant. Répétez l'opération avec le reste d'huile et d'aubergines.

Dans un plat à four huilé disposez en couches alternées la salsa di pomodori, les aubergines, la mozzarella, du poivre et le parmesan, en terminant par une couche de parmesan.

Faites cuire 25 à 30 minutes dans un four préchauffé à 200°, jusqu'à ce que cela soit doré.

Pour 4 personnes

Insalata mista
Salade mixte

En Italie on utilise très souvent dans les salades des feuilles d'épinards crues ; vous pouvez aussi les remplacer par de la laitue.

1 laitue croquante ou 125 g de feuilles d'épinard
1/2 poivron vert coupé en lanières
2 tomates fermes coupées en rondelles
1/2 concombre coupé en rondelles
6 radis coupés en rondelles
SAUCE :
3 cuillères à soupe d'huile d'olive
1/2 cuillère à soupe de jus de citron
1 gousse d'ail écrasée
Sel et poivre

Séparez les feuilles de laitue ou coupez les feuilles d'épinard en morceaux. Disposez-les dans une jatte et recouvrez-les des autres ingrédients.

Mélangez les ingrédients de la sauce dans un bol, puis nappez-en la salade et tournez-la délicatement. Servez aussitôt.

Pour 4 personnes

Insalata di finocchio
Salade de fenouil

1 gros cœur de fenouil
1/2 concombre coupé en dés
4 radis en rondelles
2 oranges en quartiers
SAUCE :
2 cuillères à soupe d'huile d'olive
2 cuillères à café de jus de citron
1 gousse d'ail écrasée
2 cuillères à café de menthe coupée fin
Sel et poivre

Otez la queue, la base et les feuilles dures du fenouil, puis coupez-le en tranches fines et ensuite en lanières.

Mettez-les dans un saladier avec le concombre, les radis, et les quartiers d'orange.

Mélangez les ingrédients de la sauce dans un bol, puis nappez-en la salade, tournez-la délicatement et servez aussitôt.

Pour 4 personnes

Insalata di rinforza
Salade de chou-fleur

1 chou-fleur séparé en bouquets
Sel et poivre
5 cuillères à soupe d'huile d'olive
1 1/2 cuillère à soupe de vinaigre de vin
1 cuillère à soupe de câpres égouttés
1 cuillère à soupe de persil haché
Quelques olives noires
1 boîte (50 g) de filets d'anchois, égouttés et coupés

Faites cuire le chou-fleur à l'eau bouillante salée ; il doit être cuit, mais encore ferme (5-6 minutes). Égouttez-le et rincez-le sous l'eau froide.

Dans une jatte mélangez le sel, le poivre, le vinaigre et l'huile. Ajoutez les bouquets de chou-fleur et tournez délicatement. Ajoutez les câpres, le persil et les olives. Disposez les lanières d'anchois en forme de quadrillage et servez aussitôt.

Pour 4 personnes

Insalata di riso
Salade de riz

*250 g de riz italien
2 cuillères à café de sel
1 cuillère à soupe de vinaigre de vin
4 cuillères à soupe d'huile d'olive
2 ciboules coupées fin
1 petit poivron vert en lanières fines
Sel et poivre
1/4 de concombre coupé en dés
2 cuillères à soupe de persil haché
Feuilles de laitue croustillante*

Faites cuire le riz, dans de l'eau salée à ébullition ; quand il est cuit mais encore ferme, rincez-le à l'eau chaude et égouttez-le.

Dans une jatte mélangez le sel, le poivre, le vinaigre, l'huile, la ciboule, le poivron. Ajoutez le riz tiède et tournez l'ensemble. Couvrez et laissez complètement refroidir.

Juste au moment de servir, ajoutez le concombre et le persil. Disposez les feuilles de laitue au fond d'un grand plat creux et disposez au centre la salade de riz. Servez aussitôt.

Pour 4 à 6 personnes

DESSERTS
Melone con fragoline
Melon aux fraises

1 melon
Sucre glace pour saupoudrer
350 g de petites fraises, la queue ôtée
2 cuillères à soupe de marasquin, ou de grand marnier
Le jus de 1/2 citron

Découpez un couvercle au sommet du melon et mettez-le de côté. Avec une cuillère ôtez la chair du melon en formant des boules, et retirez les graines, ou bien coupez la chair en petits cubes. Mettez de côté le melon évidé. Mettez la chair dans une jatte, saupoudrez de sucre glace, couvrez et mettez au réfrigérateur jusqu'au moment de servir. Mettez les fraises dans une jatte, arrosez-les de liqueur et de jus de citron, saupoudrez-les de sucre glace, couvrez et mettez-les au réfrigérateur jusqu'au moment de servir.

Juste avant de servir mélangez le melon et les fraises, puis remplissez-en l'enveloppe du melon et posez dessus le couvercle. Servez sur un lit de glace pilée.
Pour 4 personnes

Pesche alla piemontese
Pêches farcies

4 grosses pêches fermes, coupées en deux et dénoyautées
80 g de macarons écrasés
50 g de sucre en poudre
40 g de beurre ramolli
1 jaune d'œuf
1/2 cuillère à café de zeste de citron râpé
Amandes effilées pour décorer (facultatif)

Creusez légèrement le centre de chaque demi-pêche et mettez la chair retirée dans une jatte. Ajoutez les macarons, le sucre, 25 g du beurre, le jaune d'œuf, le zeste de citron et battez jusqu'à ce que cela soit homogène.

Répartissez ce mélange au centre des pêches, disposez au-dessus les amandes et parsemez de petits morceaux de beurre. Placez-les dans un plat à four beurré.

Faites cuire 25 à 35 minutes dans un four préchauffé à 180°. Servez chaud ou froid.

Pour 4 personnes

Zabaglione
Crème au marsala

4 jaunes d'œufs
50 g de sucre en poudre
8 cuillères à soupe de marsala
Biscuits à la cuillère pour servir

Battez les jaunes d'œufs et le sucre jusqu'à ce qu'ils blanchissent et qu'ils soient mousseux. Posez la jatte au-dessus d'une casserole d'eau presque bouillante, en prenant soin que le fond de la jatte ne touche pas l'eau, et fouettez-y le marsala jusqu'à ce que vous obteniez un mélange onctueux et mousseux. Répartissez dans des coupes et servez aussitôt.

Pour 4 personnes

Cassata alla siciliana
Cassata sicilienne au chocolat

3 œufs moyens
75 g de sucre en poudre
1/2 cuillère à café de zeste de citron
1/2 cuillère à café d'extrait de vanille liquide
75 g de farine
GARNITURE ET GLAÇAGE :
500 g de ricotta
125 g de sucre en poudre
4 cuillères à soupe de marasquin, ou cointreau
50 g de chocolat à croquer râpé fin
50 g de zestes de fruits confits
1 cuillère à soupe de pistaches ou d'amandes coupées fin
Cerises confites
Tranches d'orange et de citron
Chocolat râpé en copeaux

Avec un batteur électrique mélangez les œufs, le sucre, le zeste de citron, la vanille. Incorporez la farine. Versez dans un moule à cake beurré et faites cuire 20 à 30 minutes dans un four préchauffé à 190º ; le gâteau doit être ferme. Démoulez sur une grille et laissez refroidir.

Battez le fromage et le sucre jusqu'à ce qu'ils soient mousseux. Ajoutez 2 cuillères à soupe de liqueur et divisez ce mélange en deux. Mettez-en une partie au réfrigérateur pour le glaçage et mélangez l'autre avec le chocolat, les zestes et les amandes pour la garniture. Coupez le gâteau en 3 horizontalement. Posez un morceau sur le plat de service, arrosez-le de 1 cuillère à soupe de liqueur et étalez la moitié de garniture dessus ; couvrez du deuxième morceau de gâteau, versez sur celui-ci le reste de liqueur et répartissez le reste de garniture. Recouvrez du dernier morceau de gâteau, pressez-le bien et mettez le tout au réfrigérateur.

Environ 1 heure avant de servir, étalez le glaçage sur le dessus et les bords du gâteau et décorez avec les fruits et le chocolat.

Pour 6 personnes

Crostata dolce di ricotta
Tarte au fromage

PATE A TARTE :
250 g de farine
75 g de sucre en poudre
125 g de beurre ramolli
1 cuillère à café de zeste de citron
2 jaunes d'œufs
GARNITURE :
350 g de ricotta tamisée
75 g de sucre en poudre
3 œufs battus
1 cuillère à café de zeste de citron, et une de zeste d'orange
75 g d'écorces confites coupées fin
50 g d'amandes blanchies coupées fin
Sucre glace

Mélangez la farine et le sucre dans une jatte, faites un puits au centre et mettez-y le beurre, le zeste de citron, les jaunes d'œufs, puis ramenez la farine vers le centre et mélangez du bout des doigts jusqu'à ce que vous obteniez une pâte ferme. Couvrez et mettez 1 heure au réfrigérateur.

La garniture : dans une jatte, mélangez le fromage et le sucre, puis battez-y peu à peu les œufs, et le reste des ingrédients.

Étalez la pâte et disposez-la au fond d'un moule à tarte de 18 à 20 cm de diamètre. Étalez la garniture.

Faites cuire 45 à 50 minutes dans un four préchauffé à 180°. Laissez refroidir légèrement, puis mettez à refroidir la tarte sur une grille. Saupoudrez de sucre glace et servez.

Pour 6 à 8 personnes

Nocciollette
Gâteaux aux noisettes

75 g de noisettes
125 g de beurre
40 g de sucre glace
1 1/2 cuillère à soupe de miel
125 g de farine
Sucre glace pour saupoudrer

Étalez les noisettes sur une plaque à pâtisserie et passez-les sous le gril, en les secouant souvent, jusqu'à ce que leur peau se plisse. Mettez-les dans un linge et frottez leur peau. Râpez-les grossièrement.

Travaillez le beurre, le sucre et le miel jusqu'à ce qu'ils soient crémeux ; ajoutez la farine et les noisettes. Avec vos mains farinées, prenez des petites cuillères de la pâte et donnez-leur la forme d'ovales de 5 cm que vous poserez bien séparés sur une plaque à pâtisserie huilée.

Faites cuire environ 15 minutes dans un four préchauffé à 180°. Laissez-les refroidir légèrement, puis passez-les dans le sucre glace. Posez-les sur une grille et laissez-les refroidir complètement. Conservez-les dans une boîte hermétique.

Pour environ 24 gâteaux

Pastini di mandorle
Gâteaux aux amandes et aux abricots

125 g de beurre ramolli
200 g de sucre en poudre
1 œuf moyen battu
4 gouttes d'extrait d'amande
250 g de farine
1 cuillère à café de levure en poudre
1 cuillère à soupe de lait (environ)
50 g d'amandes blanchies coupées fin
2 cuillères à soupe de confiture d'abricots

Travaillez le beurre et le sucre jusqu'à ce qu'ils soient crémeux, puis battez-y l'œuf et l'extrait d'amande. Tamisez ensemble la farine et la levure, puis incorporez au mélange précédent, en ajoutant suffisamment de lait pour obtenir une pâte homogène.

Formez de petites boules de pâte et roulez-les dans les amandes, puis posez-les en les séparant bien sur une plaque à pâtisserie beurrée. Pressez légèrement le centre et répartissez-y la confiture.

Faites cuire 12 à 15 minutes dans un four préchauffé à 200º ; ils doivent être dorés. Laissez-les 5 minutes, puis faites-les refroidir complètement sur une grille. Conservez-les dans une boîte hermétique.

Pour environ 36 gâteaux

Gelato alla nocciola
Crème aux noisettes

100 g de noisettes, grillées et la peau enlevée (voir nocciolette, page 87)
30 cl de lait
4 jaunes d'œufs
75 g de sucre en poudre
3 gouttes de vanille liquide
20 cl de crème fouettée

Gardez quelques noisettes pour décorer et râpez le reste grossièrement.

Mettez le lait dans une casserole et portez à ébullition. Travaillez ensemble les jaunes d'œufs, le sucre et la vanille dans une jatte ; incorporez peu à peu le lait, puis les noisettes.

Versez ce mélange dans une casserole et laissez chauffer doucement, sans cesser de tourner, jusqu'à ce que cela soit suffisamment épais pour napper la cuillère ; ne laissez surtout pas bouillir. Couvrez et laissez refroidir en tournant de temps en temps.

Incorporez la crème fouettée, puis répartissez dans des coupes individuelles, couvrez et mettez au réfrigérateur jusqu'à ce que cette crème soit ferme. Sortez du réfrigérateur 1 heure avant de servir. Décorez avec les noisettes.

Pour 4 à 5 personnes

Gelato di fragole

Glace à la fraise

250 g de fraises
Le jus de 1/2 orange
2 cuillères à café de jus de citron
50-75 g de sucre glace
20 cl de crème fouettée
Quelques fraises pour décorer

Passez les fraises au mixeur électrique, puis au tamis. Ajoutez le jus d'orange et de citron et sucrez selon votre goût avec le sucre glace. Fouettez la crème jusqu'à ce qu'elle soit ferme. Incorporez-la délicatement à la purée de fraises, puis versez dans un récipient allant au froid et mettez-le au freezer jusqu'à ce que son contenu soit ferme.

Sortez-le du réfrigérateur 1 heure avant de servir, puis répartissez la glace dans des coupes et décorez avec des fraises.

Pour 3 à 4 personnes

Granita di arancia
Sorbet à l'orange

250 g de sucre en poudre cristallisé
60 cl d'eau
30 cl de jus d'orange non sucré
2 cuillères à soupe de jus de citron
1 cuillère à café de zeste d'orange râpé

Faites chauffer à feu doux le sucre et l'eau dans une casserole jusqu'à ce que le sucre soit dissous. Portez à ébullition et laissez bouillir 5 minutes. Laissez refroidir à la température de la pièce, puis ajoutez les jus de fruits et le zeste.

Versez dans un récipient supportant le froid et mettez au freezer en tournant toutes les 30 minutes ; vous devez obtenir une texture granuleuse.

Répartissez dans 4 grandes coupes et servez aussitôt.

Pour 4 personnes

NOTE : si le sorbet est trop dur en le sortant du freezer, mettez-le à réchauffer au réfrigérateur jusqu'à ce que vous puissiez l'écraser avec une fourchette.

Granita di limone
Pratiquer comme ci-dessus en remplaçant le jus d'orange, le jus de citron et le zeste d'orange par 30 cl de jus de citron frais.

Gelato agli amaretti
Glace aux amaretti

100 g d'amaretti ou de macarons
3 cuillères à soupe de marsala (environ)
45 cl de glace à la vanille
POUR DÉCORER :
Crème fouettée (facultatif)
Petits macarons

Écrasez les amaretti ou les macarons avec un rouleau à pâtisserie. Mélangez-les avec le marsala jusqu'à ce qu'ils forment une pâte. Étalez deux tiers de la glace sur le fond et les bords d'une jatte. Disposez au centre le mélange au marsala, couvrez avec le reste de glace en unifiant bien la surface et posez dessus une feuille de papier aluminium avant de mettre le tout au freezer jusqu'au moment de l'utiliser.

Démoulez la glace sur un plat de service et laissez 30 minutes au réfrigérateur avant de servir pour que la glace soit moins dure. Décorez avec de la crème fouettée et des petits macarons.

Pour 4 personnes
NOTE : utilisez de la glace dure, car elle ne garderait pas sa forme.

Panforte di Siena
Gâteau siennois

Ce gâteau plat, dont la texture ressemble à celle du nougat, riche en fruits confits, noix grillées et épices est une spécialité de la ville de Sienne. Bien que vous puissiez le servir en dessert, les Italiens ont l'habitude de le servir avec le petit-déjeuner ou de le déguster en milieu d'après-midi.

75 g de noisettes
75 g d'amandes blanchies grossièrement coupées
175 g d'écorces confites coupées fin
25 g de noix de coco en poudre
50 g de farine
1/4 cuillère à café de cannelle en poudre
125 g de sucre en poudre
125 g de miel liquide
POUR TERMINER :
2 cuillères à soupe de sucre glace
1 cuillère à café de cannelle en poudre

Étalez les noisettes sur une tôle à pâtisserie et passez-les sous le gril, jusqu'à ce que leur peau se plisse, en les secouant fréquemment. Mettez-les dans un linge et frottez-les pour enlever leur peau. Râpez-les grossièrement.

Dans une jatte mélangez les noisettes, les amandes, les zestes, la noix de coco, la farine et la cannelle.

Dans une casserole faites chauffer doucement le sucre et le miel jusqu'à ce que le sucre soit fondu. Laissez bouillir doucement jusqu'à ce qu'un peu du mélange plongé dans de l'eau froide forme une boule. Otez du feu et incorporez dans la jatte.

Pressez ce mélange sur 1 cm d'épaisseur au fond d'un moule à tarte de 20 cm de diamètre beurré et garni de papier sulfurisé. Faites cuire 30 à 35 minutes dans un four préchauffé à 150º.

Démoulez et laissez refroidir. Otez le papier et posez le gâteau sur un plat de service. Mélangez le sucre glace et la cannelle et saupoudrez-en le gâteau. Servez.

Pour 8 à 10 personnes

INDEX

Abbacchio al forno 56
Abbacchio brodettato 56
Agneau au romarin 56
Agneau sauce citron 56
Agnello piccante 57
Animelle con piselli 58
Anitra alla venezia 68
Antipasti misti 22
Antipasto alla casalinga 23

Besciamella 16
Bistecca alla pizzaiola 52
Blancs de dinde au jambon et au fromage 67
 au marsala 66
Bœuf à la romaine 52
 braisé au vin rouge 53
Bouillon aux œufs 18
 de poule 19
 émilienne 20
Boulettes de viande sauce tomate 59
Brodo di pollo 19

Canard à la vénitienne 68
Cannelloni 35
Caponata palermitana 24
Carciofi alla borghese 24
Cassata alla siciliana 84
Cassata sicilienne au chocolat 84
Champignons farcis 76
Cœurs d'artichauts en salade 24
Coniglio en padella 71
Côtes d'agneau sauce piquante 57
Courgettes farcies 75
Crème au marsala 84
 aux noisettes 88
Crêpes farcies aux épinards 37
Crespelle ripiene 37
Crostata dolce di ricotta 86

Epinards sauce tomate 74
Escalopes de veau au parmesan 49

Fagiano alla crema 70
Fagioli alla toscana 75
Faisan à la crème 70
Fenouils à la toscane 72
Fettine di maiale alla sorrentina 54
Fettucine al gorgonzola 32
Fettucine au gorgonzola 32
Filetti di tacchino al marsala 66
 alla valdostano 67
Finocchio alla toscana 72
Funghi ripieni 76

Gâteau siennois 92

Gâteaux aux amandes et aux abricots 88
 aux noisettes 87
Gelato agli amaretti 91
 alla nocciola 88
 di fragole 89
Glace à la fraise 89
 aux amaretti 91
Gnocchi de pommes de terre 76
Gnocchi di patate 76
Granita di arancia 90
Gratin d'aubergines 77

Haricots à la toscane 75
Hors-d'œuvre d'aubergines 24

Insalata di finocchio 78
 di funghi e gamberi 26
 di rinforza 80
 di riso 81
 mista 78
Involtini di vitello alla Napoletana 50

Jambon de Parme aux figues 27

Lapin aux légumes 71
Lasagne al forno 34
Lasagne au four 34

Macaroni con pomodori 36
Macaronis aux tomates 36
Maiale al latte 55
Maionese 16
 di pesce 46
 tonnata 17
Maquereaux en papillote 42
Mayonnaise 16
 au thon 17
Melanzane alla parmigiana 77
Melon aux fraises 82
 au jambon de Parme 27
Melon con fragoline 82
Minestra di frittata 21
Minestrone 22

Nocciollette 87

Oeufs au thon 27

Panforte di Siena 92
Passatelli in brodo 20
Pasta all'uovo 30
 verdi 30
Pastini di mandorle 88
Pâtes aux œufs 30
 vertes 30
Paupiettes de veau farcies 50
Pêches farcies 83
Peperonata 73
Pesce alla griglia 41
 alla piemontese 83
 gratinato al forno 43

Petti di pollo al limone 61
Petto di vitello ripieno 48
Piccioncini en tegame 68
Pigeons au lard 68
Pizza alla casalinga 38
Pizza de San Remo 39
    tomates et fromage 38
Pizzas individuelles 39
Pizzette 39
Plat de crudités et charcuterie 22
Poisson en mayonnaise 46
    gratiné 43
    grillé 41
Poitrine de veau farcie 48
Poivrons aux tomates 73
Pollo alla diavolo 65
    con peperoni 62
    con rosmarino 60
    con salsa d'uovo 62
    in porchetta 64
Polpette alla siciliana 59
Porc à la sorrentine 54
    au lait 55
Potage aux œufs 21
Poulet au citron 61
    au fenouil 64
    au romarin 60
    aux poivrons 62
    mariné grillé 65
    sauce aux œufs 62
Prosciutto con melone 27
    e fichi 27

Ragu bolognese 14
Rognoncini trifolati 59
Rougets à la vénitienne 46
Ris d'agneau aux petits pois 58
Risotto à la sauce à la viande 28
    alla paesana 29
    con ragù 28
    paysan 29

Salade de chou-fleur 80
Salade de crevettes et de
    champignons 26
    de fenouil 78
    de riz 81
    mixte 78

Salsa di carne 13
    di fegatini 13
    di pomodori 14
    pizzaiola 15
    verde 17
Sardenara 39
Sauce à la viande 13
    aux foies de volaille 13
    aux herbes et à la tomate
        fraîche 15
    béchamel 16
    bolognaise 14
    tomate 14
    verte 17
Scampi grillés 40
Scaloppine alla parmigiana 49
Sformata di spinaci 74
Sgombro en cartoccio 42
Sorbet à l'orange 90
Sogliola all'italiana 45
Sole aux courgettes 45
Soupe de courgettes 20
Spaghetti alla carbonara 32
Spaghetti à la carbonara 32
Spiedini di scampi 40
Stracciatella 18
Stracotto 53
Stufatino alla romana 52

Tagliatelle alla bolognese 34
Tagliatelles à la bolognaise 34
Tagliolini con tonno 32
Taglioni au thon 32
Tarte au fromage 86
Tomates, thon et sardines 23
Triglie alla veneziana 46
Trotelle alla savoia 44
Truite aux champignons 44

Uova sode tonnata 27

Veau à la sauce au thon 51
Vitello tonnato 51

Zabaglione 84
Zucchini ripieni 75
Zuppa di zucchini 20

Remerciements

Photographies de Roger Phillips
Recettes préparées par Jackie Burrow et Caroline Ellwood
Maquette d'Astrid Publishing Consultants Ltd.